Two Kinds of Righteousness

by E. W. KENYON

Two Kinds of Righteousness
by E.W. KENYON
ⓒ 1996 KENYON'S GOSPEL PUBLISHING SOCIETY, INC.
Printed in U.S.A.

2012 / Korean by Word of Faith Company, Korea.
Translated and published by permission
Printed in Korea.

두 가지 의

발행일 2012. 10. 10 1판 1쇄 발행
        2025. 7. 17 1판 4쇄 발행

지은이   E.W. 케년
옮긴이   김진호
발행인   최순애
발행처   믿음의 말씀사
2000. 8. 14 등록 제 68호
우)18365 경기도 화성시 만년로 915번길 27 B동
Tel. 031) 8005-5483 Fax. 031) 8005-5485
http://faithbook.kr

ISBN 89-94901-32-9 03230
값 10,000원

성경구절은 개역개정판을 기준으로 삼음.
본 저작물의 저작권은 '믿음의 말씀사'가 소유합니다.
저작권법에 의해 보호를 받는 저작물이므로 무단 전재와 복제를 금합니다.

교회에 주신 가장 중요한 메시지

두 가지의

E.W. 케년 지음 | 김진호 옮김

믿음의말씀사

목차

T. L. & 데이지 오스본의 편지 _ 7
그 이유 _ 13
서문 _ 15

제1장   우리가 실패한 이유 _ 21
제2장   의에 관한 계시 _ 29
제3장   죄의식의 연구 _ 33
제4장   의의 의미 _ 39
제5장   하나님께서 우리를 의롭게 만드시는 방법 _ 47
제6장   하나님 자신이 우리의 의입니다 _ 55
제7장   의는 합법적으로 우리의 것입니다 _ 61
제8장   회복된 의 _ 73
제9장   바울 서신의 재발견 _ 79
제10장 하나님에 관한 옳은 개념 _ 83

제11장   의를 통한 교제 _ 89

제12장   믿음에 의한 의 _ 101

제13장   두 언약 아래 있는 의 _ 107

제14장   의는 우리를 악을 지배하는 자로 만듭니다 _ 119

제15장   의의 열매들 _ 125

제16장   의가 하는 일 _ 135

제17장   의의 면류관 _ 141

제18장   몇 가지 의의 실재들 _ 147

제19장   우리의 새로운 자유 _ 155

제20장   의를 사용하는 몇 가지 방법 _ 161

진리의 종착역 _ 167

당신은 뭐라 하시겠습니까? _ 169

T. L. & 데이지 오스본의 편지

그리스도 안에서 친애하는 친구에게

    케년 박사가 쓴 놀라운 책들이 저와 제 아내, 그리고 저희 사역에 얼마나 큰 의미를 지니고 있는지를 당신에게 말하게 되어 매우 기쁩니다. 우리는 1946년, 한 친구를 통해 케년의 책을 접하게 되었습니다. 그것은 『두 가지 의』라는 책이었습니다. 우리가 그 책을 알게 된 것은 하나님의 뜻이었습니다. 왜냐하면 하나님의 말씀 안에서 우리의 기초가 그리 견고하지 못했었기 때문입니다. 지금에서야 우리는 우리의 믿음이 실제로는 감각지식에 근거한 것이었다는 것을 깨달았습니다. 저는 대가족이 사는 농장에서 성장하였는데, 그것으로부터 물려받은 가장 위대한 선물은 저희 부모님이 성경에 대해 깊은 존경심을 가지고 계셨고, 운 좋게도 저도 성경이 절대적이고 완전한 진리라는 거의 맹목적인 믿음과 함께 성장했다는 것입니다.

    그러나 하나님의 말씀을 믿는다고 생각하는 수백만 명의 다른 사람들처럼, 소위 우리의 믿음이라는 것은 정말로 감각지식에 의존했던 것이었습니다. 그때 『두 가지 의』라는 작은 책이 우리에게 전해졌고(그것은 소책자로 인쇄된 초기 보급판 중의 하나였습니다), 그 후 『두 가지 종류의 지식』과 여러 다른 책들을 받아보았습니다. 그것은 놀라운 개혁이었습니다!

우리는 선교사로 인도에 갔었지만, 콜레라와 장티푸스와 우리를 실의에 빠뜨리는 상황의 희생물이 되어 결과적으로 사역을 형편없이 실패하고 말았습니다. 집으로 돌아왔을 때, 우리의 사역에 대한 전망은 어두웠습니다. 그때 케년의 책을 알게 되었고, 그와 동시에 치유와 기적을 일으키는 놀라운 사역에서 하나님께 쓰임 받고 있는 한 복음전도자가 우리가 사는 도시를 방문했습니다.

케년의 책들은 우리에게 하나님의 말씀 안에서의 기초를 마련해 주었습니다. 그리고 그 복음전도자는 말씀을 행할 때 가장 놀라운 기적들이 나타나는 것을 입증해 주었습니다. 우리의 삶은 변화되었습니다. 우리는 오레건 주의 포트랜드에서 목회하고 있던 교회를 사임하고 인도로 돌아갔습니다. 앞서 인도에 있었을 때, 우리는 그리스도를 알지 못한 채 고통과 빈곤 속에 살아가는 수백만의 사람들을 보았지만, 그리스도가 오늘도 살아계신 하나님의 아들이라는 사실을 그들에게 납득시킬 수 없었습니다.

그러나 길 위의 성경학교인 케년의 책들을 통해 우리는 전 세계 비그리스도인들에게 복음을 전할 해결책을 갖게 되었습니다.

그날 이후, 그리고 1949년 오스본 재단이 설립된 이래로 우리는 전 세계 60여 개 나라에 있는 대규모 경기장과 야구장, 넓은 벌판, 해변, 그리고 논에서 20명부터 십만 명에 이르는 군중들을 상대로 대규모 복음전도집회를 가졌습니다. 모든 나라들이 영향을 받았습니다.

우리가 발행하는 잡지 'Faith Digest'는 매달 백만여 가정에 보내지고 있습니다. 우리 재단은 불신자들을 위한 선교로서 매달 2천 명 이상을 후원합니다. 현지 교회가 매일 한 곳 이상 세워집니다. 우리가 출판한 책은 백여 개의 언어로 발간됩니다.(그것은 하루에 1톤이 넘는 분량입니다.) 우리의 위대한 복음전파 사역을 담은 기록 영화와 설교 테이프들이 50개 이상의 주요 언어로 만들어집니다.

이 모든 것은 케년 박사가 쓴 전대미문의 책들에 의해 우리 마음에 심겨진 놀라운 진리의 씨앗들로부터 생겨난 것입니다. 당신의 아버지인 E. W. 케년이 시대를 앞서간 사도라는 사실에는 의심의 여지가 없습니다. 그의 놀라운 글들이 전 세계로 퍼져감에 따라 하나님의 영광을 드러내는 새로운 구름이 나타나 세계를 뒤덮기 시작했습니다. 그것은 케년 박사에 의해 심겨진 좋은 씨앗의 수확물인 믿음의 진리가 새롭게 드러난 것이었습니다.

기존에 수립된 신학과 기독교 전문가들은 케년의 글에 나타난 대담함에 충격을 받았고 그들의 기초가 흔들렸습니다. 예배형식을 중요시하는 교양 있는 사제들은 진정한 예수님의 길, 예수님의 믿음을 결코 이해할 수 없었습니다. 그러나 마틴 루터가 인간은 그리스도 안에서만 진정한 믿음에 의해 구원받을 수 있다고 선언하며 그의 신성모독 및 건방진 주장이 종교계를 뒤흔든 이후, 교계는 E. W. 케년 박사가 제시한 개혁적이지만 단순한 진리로 인해 매우 무기력해졌습니다.

그의 놀라운 저서들이 등장한 이후, 표적이 뒤따르는 부흥과 복음주의의 영광스러운 물결이 그 자유의 세계를 완전히 둘러싸고 흠뻑 적셔버렸습니다. 저는 전 세계적으로 대규모 사역을 하며 하나님께 쓰임 받았거나 쓰임 받고 있는 사람들(미국인, 영국인, 유럽인, 아프리카인, 인도인, 한국인, 아시아인, 필리핀인, 남미인들 등)의 대부분을 개인적으로 알고 있습니다. 사람들을 거대한 사역에 동참시키며 세상을 휩쓴 이 새로운 믿음의 씨앗과 뿌리는 분명히 E. W. 케년 박사의 기름부음 받고 재능 있는 문필로부터 나온 글과 획기적인 출판물들의 영향으로부터 시작되었습니다.

케년 박사의 책들은 세상을 완전히 휩쓴 젊은이들의 "예수 운동 Jesus Movement"[1]을 자라게 한 온상입니다.

수년 전, 저는 당신으로부터 내가 원할 때마다 언제든지 케년

---

[1] 1960년대와 1970년대 미국의 서해안을 중심으로 시작하여 북아메리카와 유럽으로 퍼져 나갔던 기독교 운동으로서, 히피 문화 속에 복음을 전하여 1980년대에 들어서 약화될 때까지, 갈보리 채플Calvary Chapel 교회를 통해 "마라나타" 찬양단의 음악과 함께 많은 영혼을 구원하고 교회를 세웠던 개신교 운동(역자주).

박사의 글을 인용할 수 있다는 허락을 받았습니다. 그의 책들은 25여 년 동안 우리에게 영감을 주었고, 우리의 글에 힘을 실어주었습니다. 어떤 사실에 대해 설명할 때, 케년 박사가 이미 말했던 것보다 더 좋게 표현하기 난감할 때가 자주 있습니다. 진리를 전달하는데 있어 신선하고 분명하지만, 간결한 방식으로 영어를 사용하는 그의 재능은 하나님이 주신 선물이며, 그에 필적할 사람은 아무도 없다고 생각합니다.

저는 이렇게 기도하고 싶습니다.

"그의 글이 계속 살아있기를!" 왜냐하면 진리는 사라질 수 없기 때문입니다. 저는 E. W. 케년의 마음과 생각과 글에 대해 하나님께 감사드립니다. 그리고 변함없는 비전을 가지고 다른 것들과 비교할 수 없는 이런 글을 풍성히 출판하는데 있어 지치지 않고 헌신해온 그의 딸에 대해서도 하나님께 감사드립니다. 그로 인해 이 세대가 그의 글들을 공유할 수 있게 되었습니다.

비록 수백 명의 사람들이 케년 박사의 책들을 모방하려고 했지만(그러나 유사한 글이 등장하도록 선동한 일례에 대해서는 하나님께 감사드립니다), 설명하기 힘든 어떤 이유 때문에 어느 누구도 하나님으로부터 당신의 아버지 같은 은사를 받지 못했습니다. 그는 분명 문필을 위해 지명받은 사도였습니다. 그리고 그의 업적들은 우리의 왕 되신 주님이 다시 오실 때까지 그 길을 계속 밝혀주고, 사람들로 하여금 행동하게 만들 것입니다. 최근 몇 년 동안, 우리는 털사와 오클라호마에 있는 오스본 재단에 케년 박사의 책들을 비축해왔습니다. 진리를 알기 원하는 사람들을 만나면 언제든지 그들에게 그의 책들을 선물하기 때문입니다. 그들의 기름진 마음 밭에 이보다 더 위대한 씨앗을 심을 수 없다고 생각합니다. 또한 젊은이들에게 수백 권에 달하는 케년 박사의 도서 세트를 주었습니다.(결코 단 한 권도 판매하지 않았습니다.) 그리고 기독교 사역에서 더 많은 열매를 좇아 굶주리고 갈급해 하는 모든 사람들에게 무료로 나누어 주기 위해 케년 박사의 책들을 계속 비축해둘 것입니다.

루스 케년씨, 당신 아버지의 글을 계속 출판해 주셔서 감사합니다. 그리고 언론을 통해 그 풍성한 진리들을 함께 나눔으로써 당신의 세대를 섬겨주셔서 감사합니다. 이 진리는 하나님 아버지의 마음으로부터 나와서 그의 종 E. W. 케년 박사를 통해 오늘날 세상 밖으로 전해졌습니다.

그리스도 안에서 매우 존경하고 감사드리며,

오스본 재단 설립자, T. L. **오스본**
오스본 재단 부사장, **데이지 오스본**

그 이유

어떤 사람은 주정뱅이가 되게 하고, 어떤 사람은 철학자가 되게 하는 충동… 무도회장과 도박장, 여관과 영화관, 그리고 모든 향락의 장소들을 채우는 안식 없음restlessness은 진짜를 찾으려는 심령의 탐색인데, 그것은 모든 세대가 공통적으로 추구하는 것이며 성배聖杯를 향한 영의 탐색입니다.

그것은 인격체이신 그리스도 예수와 만나고 그분을 삶의 주인으로 모시고 나서야 찾을 수 있습니다. 그 순간에 이르러서야 그 탐색은 끝이 나고 마침내 도달하게 되는 것입니다.

그들은 그것이 무엇인지 깨닫지 못하겠지만, 그들이 한때 탐닉했던 쾌락들이 그 맛과 매력을 잃어버렸다는 것은 알고 있습니다.

그들은 그들의 갈망이 영적인 것이며, 오직 하나님만이 줄 수 있는 어떤 것을 찾고 있었다는 것을 알지 못했습니다.

그 만남이 일어나기 전까지는 어느 누구도 영 안에서 안식하는 상태에 이르지 못합니다.

인간은 영적인 존재입니다. 혼을 가지고 있고, 몸 안에 살고 있습니다.

참 인간은 감각 세계의 것들로는 결코 영원한 만족을 얻을 수 없습니다.

사실, 이것을 십대에 발견하는 소년 소녀들은 젊었을 때 난봉을 부리거나 세상의 위험한 쾌락을 향한 거대한 충동을 갖지 않습니다. 그들은 그 울부짖음에 대한 어떤 해답을 갖고 있습니다.

이 책은 하나의 연구입니다. 그것은 영의 문제의 해결책입니다. 영의 영역에 들어가 인간 본연의 입장에서 그를 만나려는 시도는 이것이 처음입니다.

이 책을 주의 깊게 읽어보기 바랍니다.

이 책을 읽은 분들을 모두 만날 수 있으면 좋겠습니다. 우리는 당신 영 안에 일어나는 반응을 알고 싶습니다.

우리는 우리가 영원한 기쁨의 샘을 찾았다고 믿습니다.

서문

오후 내내 낚시를 하고 이제 그들은 캠프의 모닥불 앞에 앉아 있습니다. 그들은 가까운 친구사이입니다. 잠깐의 침묵 후에 그는 그의 목사에게 다음과 같이 말했습니다.

"내 인생은 내가 꿈꿔왔던 대로 되지 않았습니다. 젊은 시절에 저는 마음에 품었던 목표에 도달해 본 적이 없었습니다. 이것에 대해 어느 누구에게도 마음을 열어 본 적이 없지만 오늘 목사님께 말하려 합니다.

저는 늘 독실하게 살아왔습니다. 저는 성경공부 시간의 교사였고 주일학교의 교장이기도 했습니다. 대학을 졸업한 후 줄곧 교육자로 살아왔지만, 은밀한 이면에는 실제로는 그렇지 않다는 문제를 늘 품고 있었습니다.

하나님이 실제적이었던 적은 한 번도 없었습니다. 저는 복음서를 읽고 강의해왔습니다. 그러나 제가 도달하지 못했다는 것을 늘 인식하고 있었습니다.

지난 밤 목사님의 설교가 제가 필요로 하던 것을 제게 보여주었습니다. 전에는 영원한 생명에 관하여 배운 적이 없었습니다. 우리가 배운 것은 '회심'하는 것과 '교회에 참석'하는 것이었습니다. '의롭게 됨'에 대해 조금 배우긴 했지만, 그것은 언제나 신학적인 관점에서였습니다. 그것은 실감나지 않는 것이었습니다.

제가 영원한 생명, 즉 그 하나님의 본성을 받을 수 있다는 것을 이해한 후에야 목사님께서 의에 관하여 말씀해 왔던 것이 실제적이라는 것을 알았습니다.

순식간에 제 신학과 이론들이 벗겨지고 처음으로 하나님의 관점에서 참 내 모습 그대로의 나 자신을 보게 되었습니다.

저는 하나님께서 그리스도 안에서 하신 일들을 영광스럽게 여긴 적이 한 번도 없었습니다.

저는 하나님께서 저를 위해 하신 일들을 전혀 알지 못했습니다.

저는 이미 새로운 피조물이었습니다. 저는 하나님의 생명과 본성을 가졌습니다.

저는 감히 '나는 하나님의 의다'라고 말하지 못했습니다.

저는 전에 이것을 고백한 적이 한 번도 없었습니다.

저는 제가 죽을 때까지도 그렇게 될 수 있다고는 감히 생각도 하지 못했습니다.

지난 모든 세월 동안 죄의식이 저를 노예로 묶고 있었습니다. 누군가 죄에 대해 설교할 때마다 '그게 바로 나야'라고 말했습니다.

저는 죄를 알고 있었습니다. 죄에 대항해 싸워왔습니다. 죄의 영향으로 고통 받아왔습니다. 그러나 제가 새로운 피조물이 되었을 때 과거는 더 이상 존재하지 않는다는 것을 알지 못했습니다. 제가 죄를 범했을지라도 제게는 변호해 주시는 분이신 의로우신 예수 그리스도가 계시다는 것을 알지 못했습니다. 제가 재창조되었을 때 그리스도 안에서 제가 하나님의 의가 되었다는 것을 알지 못했습니다.

목사님께서 제게 말씀해 주신 것에 대해 감사드립니다."

사람의 실상

사람은 하나님께 나아갈 수 없습니다.

정죄감은 사람에게 그를 겁쟁이로 만들어버리는 열등의식을 가져다줍니다. 그것은 자신과 사람과 하나님, 그리고 하나님의 말씀에 대한 믿음을 빼앗아 버립니다. 이러한 죄의식은 그를 꼼짝 못하게 만듭니다.

그는 하나님께 나아갈 권리가 없습니다. 그는 기도하고도 기도에 응답받을 만큼 자신이 선하지 못하다고 알고 있습니다.

그가 할 수 있는 기도라고는 절망적인 상황에서나 하는 기도일 뿐입니다.

이것은 사람을 철학으로 인도했습니다. 배고픈 사람이 음식을 멀리할 수 없듯이, 그는 하나님과 종교라는 주제에서 멀어질 수가 없었던 것입니다.

죄책감과 열등감과 실패와 연약함이 그를 추론하게 만들고, 우리는 이것을 철학이라고 부릅니다.

이 때문에 헤겔은 그의 철학에서 하나님을 완전히 제거해 버렸습니다. 그에게 있어서 하나님은 어떤 뇌의 중추brain center도 어떤 인격도 존재하지 않는 거대한 집단정신이었습니다.

그는 그의 철학에서 사탄도 제거해 버렸습니다.

만약 사탄이 없다면 죄도 있을 수 없습니다. 만약 죄가 없다면 죄의식도 없습니다. 그것이 사실이라면 좋겠지만, 그것은 단지 탈출구를 찾는 감각지식sense knowledge일 뿐입니다.

만약 그렇다면 죽음 후의 삶이 없으므로 천국은 없을 것입니다. 사람은 우주적인 정신으로 흘러들어가 그것에 흡수되는 것입니다.

육체의 부활도 없으며 심판도 없습니다. 사람은 그저 분해되어 거대한 전체의 일부가 될 뿐입니다. 그러나 이러한 것들은 다만 자신의 감각으로 하나님을 발견하지 못한 사람들의 망상에 지나지 않습니다.

당신은 왜 크리스천 사이언스[2])가 헤겔의 철학에서 나오게 되었는지 볼 수 있을 것입니다.

---

2) 기독교 이단 종파의 하나로 1866년 M.B. 에디가 창시했다. 그녀는 인간의 마음을 하나님과 동일시하고 하나님의 본질적 개념을 인격이 아니라 원리라고 이해했으며, 자신의 질병이 치유된 경험을 바탕으로 죄, 질병, 죽음 등 모든 악이 실제로는 존재하지 않는 환영에 불과하여 마음으로 이 진리를 깨달을 때 일체의 악이 소멸된다고 주장했다(역자주).

만약 사탄이 없다면 병도 없고 죽음도 없습니다. 그러나 사람은 모두 죽습니다.

이것이 오직 하나님만이 주실 수 있는 해방과 자유를 찾는 감각 지식의 결론입니다.

사람은 고도로 발달된 죄의식을 가지고 있는데, 이것은 열등의식의 영으로서 사람을 지배하여 스스로 무가치하다고 느끼게 합니다.

사람은 의심의 지배를 받습니다.

그가 가진 것이라고는 하나님을 알 수도, 발견할 수도 없는 감각 지식에 근거한 믿음뿐입니다.

이것이 사람의 실상입니다.

제 1 장

우리가 실패한 이유

교회는 사람에게 의가 필요하다는 것과 인간의 연약함, 그리고 하나님을 기쁘게 해드릴 수 없는 무능력에 대해 매우 강하게 가르쳐 왔습니다.

교회는 믿는 사람의 죄들에 대해 강력하게 경고해 왔습니다.

교회는 불신앙과 세속화와 믿음의 부족에 대항해서는 설교했으나, 애석하게도 그리스도 안에서 우리가 누구인지, 또는 어떻게 의와 믿음을 얻을 수 있는지에 대한 진리들을 제시하는 데에는 부족했습니다.

대부분의 찬송가들은 우리의 속량을 죽음 이후로 미뤄놓고 있습니다.

우리가 천국에 가면 안식을 누리게 될 거야.

우리가 천국에 가면 승리를 얻게 될 거야.

우리가 천국에 가면 정복자가 될 거야.

우리가 천국에 가면 하나님과 화평을 누리게 될 거야.

우리가 천국에 가면 더 이상의 실패는 없을 거야.

이 땅에서는 실패, 비참함, 실망 그리고 연약함 외에 우리가 가질 것은 없어.

"너희도 그 안에서 충만하여졌으니 그는 모든 통치자와 권세의 머리시라"골 2:10라고 했을 때 그 의미가 무엇입니까?

언제 우리가 충만해집니까? 이생에서입니까, 아니면 다음 생애에서입니까?

로마서 8:37에서 "그러나 이 모든 일에 우리를 사랑하시는 이로 말미암아 우리가 넉넉히 이기느니라"라고 했는데, 이것은 무슨 의미입니까?

언제 우리가 넉넉히 이깁니까? 우리가 이 눈물의 골짜기를 떠나 죽은 다음입니까?

그리고 빌립보서 4:13에서는 "내게 능력 주시는 자 안에서 내가 모든 것을 할 수 있느니라"라고 했습니다.

언제 우리가 모든 것을 할 수 있게 될까요? 우리가 경주를 마치고 새 하늘과 새 땅에서 그분 앞에 선 다음입니까?

로마서 8:1은 "그러므로 이제 그리스도 예수 안에 있는 자에게는 결코 정죄함이 없나니"라고 선언하고 있습니다. 언제 우리에게 이것이 해당됩니까?

우리는 정죄하는 설교밖에는 들은 것이 없습니다.

사역을 할 때에도 성도와 죄인을 구분하지 않습니다.

언제 로마서 5:1이 실재가 됩니까?

"그러므로 우리가 믿음으로 의롭다 하심을 받았으니 우리 주 예수 그리스도로 말미암아 하나님과 화평을 누리자"

목사들은 현재의 화평에 대해 설교하지 않습니다. 늘 미래의 이야기뿐입니다.

언제 우리가 화평이라고 불리는 이 영광스러운 것을 발견하게 될까요?

언제 예수님이 "하나님으로부터 나와서 우리에게 지혜와 의로움과 거룩함과 구원함"고전 1:30이 되셨습니까?

그것이 죽음에 이르러서야 우리에게 실현되는 것입니까, 아니면 지금 우리에게 사실입니까?

"하나님이 죄를 알지도 못하신 이를 우리를 대신하여 죄로 삼으신 것은 우리로 하여금 그 안에서 하나님의 의가 되게 하려 하심이라"고후 5:21

우리는 전반절의 말씀이 사실이라는 것을 알고 있습니다. 그러면 후반절의 말씀도 사실입니까?

우리가 현재의 삶에서 의가 되는 것입니까, 아니면 죽은 후에 의가 되는 것입니까?

우리가 단지 의롭다고 간주되는 것입니까, 아니면 그분 안에서 의가 되는 것입니까?

이러한 속량은 형이상학적인 것입니까, 아니면 실제적인 것입니까?

유다서 24절은 신뢰할만합니까?

"능히 너희를 보호하사 거침이 없게 하시고 너희로 그 영광 앞에 흠이 없이 기쁨으로 서게 하실 이"

이 말씀에서 넘치는 기쁨으로 그 영광 앞에 서게 하시는 것이 죽음 후의 이야기입니까, 아니면 현재입니까?

지금 우리가 그분의 임재 안에 살고 있는 것, 지금 그분의 임재 안에 걷고 있는 것이 제게는 분명하게 보입니다.

만약 그분이 우리를 '지금' 그분의 임재 앞에 넘치는 기쁨으로 서게 하실 수 없다면, 그분은 결코 죽음 후에도 그분의 임재 앞에 넘치는 기쁨으로 서게 하실 수 없습니다.

만약 죄 씻음을 받기 위해 죽음이 요구된다면, 우리는 불행한 궁지에 몰리게 되는 것입니다.

죽음은 마귀로부터 말미암습니다. 그러므로 하나님께서 그분의 속량에서 우리에게 승리를 주실 수 없으셔서, 결국 하나님의 속량 사역redemptive work에 마귀가 필요하다는 이야기가 됩니다.

나는 성경이 말씀하고 있는 것이 절대적으로 진리이며, 하나님 자신이 지금 바로 우리의 의가 되시며, 우리가 그분 안에서 하나님의 의라는 것을 믿습니다.

나는 우리가 하나님의 본성에 참여한 자라는 것을 확신합니다.

"그가 빛 가운데 계신 것같이 빛 가운데 행하는"요일 1:7 우리에게는 정죄함이 없습니다.

세상으로부터의 분리에 대한 요즘 교회의 가르침들은 모두 막연하고 속기 쉬운 것입니다.

어떤 교회에서는 우리가 거듭난 후에도 여전히 우리 안에 타락한 본성을 가지고 있다고 가르쳐왔습니다. 그것은 타락할 때 아담 안에 들어왔던 죄의 본성입니다.

이것이 무엇을 의미합니까? 성경 말씀이 그것을 설명하고 있습니다. "너희는 너희 아비 마귀에게서 났으니"요 8:44

그것은 사탄의 본성입니다. 사탄이 자신의 본성을 사람에게 심은 것입니다.

그들은 하나님께서 새로운 탄생을 제공하셨지만, 그것은 완전히 실패라고 인정하고 있는 것입니다.

그분이 하실 수 있는 일이라고는 오직 우리에게 영생을 주고 우리를 용서하는 것뿐이며, 그분은 우리에게서 우리의 옛 본성을 제하여 버릴 수 없다는 것입니다.

모든 것이 이치에 맞지 않습니다. 사실이 아닙니다. 그것은 말씀이 아닙니다.

"그런즉 누구든지 그리스도 안에 있으면 새로운 피조물이라 이전 것은 지나갔으니 보라 새 것이 되었도다 모든 것이 하나님께로서 났으며 그가 그리스도로 말미암아 우리를 자기와 화목하게 하시고…"고후 5:17,18 전반절 사람이 그리스도 안에 있으면서 마귀의 본성을 가질 수는 없는 것입니다. 하나님의 가족에 속하든지 아니면 사탄의 가족에 속하든지 둘 중 하나입니다.

"이러므로 하나님의 자녀들과 마귀의 자녀들이 드러나나니" 요일 3:10

이런 뒤섞인 개념을 가지고는 진정한 믿음의 발전도 없고, 강하고 승리하는 그리스도인의 삶도 없습니다.

우리는 새로운 피조물이거나 아니거나, 둘 중 하나입니다.

우리는 죽음에서 생명으로 옮겨졌거나 아니거나, 둘 중 하나입니다.

"죄가 너희를 주장하지 못하리니" 롬 6:14 라는 말씀은 그 말씀 그대로입니다.

만약 당신이 연약함과 패배의 삶을 살고 있다면 그것은 당신이 그리스도 안에서 어떤 존재인지 모르고 있기 때문입니다.

이 시대의 교회에 가장 필요한 것은 우리가 그리스도 안에서 누구인지, 아버지께서 우리를 어떻게 보시는지, 그리고 그분이 우리를 어떤 존재로 여기시는지를 아는 것입니다.

에베소서 1:3을 주의해서 읽어 보십시오. "찬송하리로다 하나님 곧 우리 주 예수 그리스도의 아버지께서 그리스도 안에서 하늘에 속한 모든 신령한 복을 우리에게 주시되"

"전에 악한 행실로 멀리 떠나 마음으로 원수가 되었던 너희를 이제는 그의 육체의 죽음으로 말미암아 화목하게 하사 너희를

거룩하고 흠 없고 책망할 것이 없는 자로 그 앞에 세우고자 하셨으니"골 1:21,22

이것은 그리스도 안에서 이미 이루어진 일입니다. 당신은 그리스도 안에서 온전히 그분 앞에 서 있습니다.

"자기 앞에 영광스러운 교회로 세우사 티나 주름잡힌 것이나 이런 것들이 없이 거룩하고 흠이 없게 하려 하심이라"엡 5:27

대부분의 사람들은 이것이 죽음 이후의 것이라고 생각합니다. 그러나 사실은 그렇지 않습니다. 우리는 지금 티나 주름잡힌 것이 없이 세워져 있습니다.

당신은 말 그대로 죄로 충만한 어떤 신자가 그리스도 안에 있고 티나 주름잡힘 없이 그분 앞에 설 수 있다고 생각합니까?

만약 그분이 우리가 거듭날 때 우리에게서 죄의 본성을 제거할 수 없다면, 만약 그 피의 공로가 이것에 미치지 못해 죄를 씻어 버리지 못한다면, 우리는 도대체 언제 의롭게 됩니까?

우리가 죽는 때는 아닙니다. 사탄이 죽음의 창시자이기 때문입니다.

나는 하늘의 천사들 앞에, 그리고 마귀들과 모든 지옥의 무리들 앞에, 하나님의 임재 앞에서 우리를 온전케 만드시는 하나님의 속량 사역에 마귀의 도움이라고는 조금도 필요 없음을 선포합니다.

제 2 장

의에 관한 계시

우리는 의가 하나님 아버지의 임재 앞에 죄책감이나 열등감 없이 설 수 있는 능력을 의미한다고 이해하고 있습니다.

이것은 오랫동안 탐색해왔던 것입니다.

죄의식을 제거하고 싶은 열망이 세상의 모든 주요 종교들을 탄생시켰습니다.

에디[3]는 헤겔을 모방하여 하나님은 인격체가 아니고 사탄도 인격체가 아니라고 용감하게 단언했습니다. 그러므로 하나님도 마귀도 존재하지 않으며, 죄라는 것도 있을 수 없다는 것입니다.

만약 죄가 없다면 죄로 인한 심판도 있을 수 없습니다. 만약 죄도 없고 심판에 대한 두려움도 없다면, 죄의식도 없을 것입니다.

---

3) Eddy, Mary Baker : 기독교 이단 종파의 하나인 '크리스천 사이언스'의 창시자(역자주).

우리가 밀물이 들어오지 않는다고 선언한다고 해서 밀물이 들어오는 것을 막을 수는 없습니다. 하나님이 없다는 철학자들의 단언들이 하나님의 존재를 막을 수는 없습니다.

하나님은 존재합니다. 사탄은 존재합니다. 죄는 존재합니다.

그러나 하나님께서는 죄의 문제를 그의 아들 안에서 처리하셨습니다. 그 아들의 희생으로 죄를 없애버리셨습니다. 사탄과 연합함으로 영적으로 죽어 있는 사람이 하나님의 본성과 생명을 받아 합법적으로 새로운 피조물이 될 수 있도록 하셨습니다.

이러한 하나님의 생명과 본성이 바로 의입니다. 따라서 하나님의 본성을 받은 사람은 자동적으로 그리스도 안에서 하나님의 의가 되는 것입니다.

이것을 모를 수도 있고, 이 유익을 활용하지 못할 수도 있지만, 이것은 사실입니다.

그리스도와 새로운 피조물(창조)을 설교하는 대신 죄에 대해 설교해 온 목사들에 의해 교회가 죄의식의 지배를 받는 것이 조장되고 발전되고 실제적인 것이 되어 왔습니다.

죄의식은 인간이 영적인 죽음에 참여하게 되었을 때, 인간의 타락과 함께 생긴 것입니다.

오랜 세월에 걸쳐 인류는 죄의식을 탄생시킨 영적 죽음의 파괴적인 저주 아래에 있어왔습니다.

영적으로 죽은 사람은 하나님의 임재 앞에 설 수 없습니다. 하나님께서 이 사실을 어떻게 묘사하고 있는지 구약을 살펴봅시다.

대제사장은 매년 한 번씩 지성소에 들어가는데, 그때 그는 피를 발라야만 했습니다. 대제사장은 예배를 드리러 성소에 들어가는 것이 아니라, 영적으로 죽은 이스라엘의 속죄를 위해 들어가는 것이었습니다.

하나님께서는 그의 아들을 세상에 보내셔서 육신을 입고 인류와 영원히 연합할 수 있도록 하셨습니다.

그 아들은 하나님의 확고한 의도에 따라 십자가에 오르셨고, 죄가 되셨으며, 우리를 대신하는 대속물이 되셨습니다. 그런 후에 그분은 원수를 정복하고, 인간이 의를 받을 수 있게 하셨습니다.

사람을 의롭게 만들지 않는 속량은 궤변에 지나지 않습니다.

사람이 의로워지고 또한 그 사실을 알게 될 때까지는, 사탄이 그를 다스리며 죄와 질병이 그의 지배자가 됩니다. 그러나 그가 그리스도 안에서 하나님의 의라는 것과 의가 의미하는 것을 알게 되는 그 순간, 사탄은 패배하게 됩니다.

교회는 제한적인 의미의 의조차 가르치지 않았습니다. 단지 신학적인 칭의justification의 개념만 가지고 있는데, 이는 핵심을 벗어난 것입니다.

그리스도 안에 있는 하나님의 속량이 해결책입니다. 그것은 인간으로 하여금 연약한 가운데 종으로 섬기던 곳에서 영으로 지배하도록 만듭니다.

우리로 아버지와 완벽한 교제를 갖게 하고, 우리가 어둠의 세력들을 다스리는 지배자라는 의식을 갖게 하는 이러한 의를 어떻게 얻을 수 있을까요?

예수 그리스도를 구원자로 받아들이고, 그분이 우리 삶의 주 되심Lordship을 고백함으로써 우리는 그 의를 갖게 됩니다.

성경대로 예수님께서 우리 죄를 위해 죽으시고, 우리의 죄를 제해버리시고, 우리를 대신하여 공의의 요구를 만족시키신 후에 삼일 만에 죽은 자들 가운데서 다시 살아나신 것을 우리가 알게 되는 그 때, 우리가 그것을 알고 그분을 우리의 구원자로 받아들이며 주라 시인하는 그 때, 우리는 하나님의 본성을 받고 그리스도 안에서 하나님의 의가 되는 것입니다.

"하나님이 죄를 알지도 못하신 이를 우리를 대신하여 죄로 삼으신 것은 우리로 하여금 그 안에서 하나님의 의가 되게 하려 하심이라"고후 5:21

우리는 그리스도 안에서 하나님의 의가 되었습니다.

이러한 의는 놀라운 체험들을 많이 하게 하지만, 단지 하나의 경험은 아닙니다.

그것은 우리에게 전이된 아버지의 본성입니다.

우리가 하나님께서 말씀하시는 바로 그런 사람, 즉 지배자요 승리자라는 것을 알 때 우리 안에서 지배하는 힘을 갖는 그 본성입니다.

제 3 장

죄의식의 연구

모든 영적인 실패들을 따져보면 실제로는 죄의식에서 그 이유를 찾을 수 있습니다. 죄의식은 믿음을 파괴합니다. 죄의식은 마음의 진취성을 파괴합니다. 죄의식은 사람에게 열등감을 가져다줍니다.

사람은 하나님을 두려워합니다. 사람은 자신을 두려워합니다. 사람은 늘 누군가 그를 위해 믿음의 기도를 해 줄 사람을 찾고 있습니다. 그는 정죄함 없이 아버지의 임재 앞에 설 수 있는 법적인 의를 자신이 소유했다는 것을 깨닫지 못합니다.

교회 어디서나 죄의식에서 자란 열등감을 마주칠 수 있습니다.

저는 이런 이야기들을 많이 들어왔습니다. "만약 내가 이 죄의식을 없앨 수만 있다면, 병 고침을 받을 텐데. 하나님을 위해 능력을 발휘할 텐데, 난 이 죄의식을 없앨 수 없어."

이러한 죄의 질병을 고치는 속량을 하나님께서 제공하셨습니까?

저는 그렇다고 확신합니다. 만약 하나님께서 그분이 이 땅에 사시는 동안 사람에게서 그것을 없애버리려고 계획하지 않으셨다면, 사람은 결코 하나님 앞에 똑바로 설 수 없을 것입니다. 왜냐하면 속량은 오직 이 시대에만 역사하기 때문입니다.

하나님께서는 새로운 피조물을 만들기 위해 준비해 오셨습니다. 하나님은 우리의 옛 죄의 본성을 없애고 그것을 자신의 본성으로 대체하여 우리에게 그분 자신의 본성을 전이해주시려고 계획해 오셨습니다. 이것이 죄의식을 파괴할 것입니다.

죄의식이 사실상 인간의 모든 종교의 근원이라는 것을 인식하는 신학자들은 거의 없습니다.

인간은 이 무시무시한 질병을 고치는 길을 찾아 왔습니다.

무가치하다는 느낌은 믿음을 파괴하고, 우리 마음의 평안을 강탈하며, 가장 진지하고 열렬한 기도 생활을 무력하게 만듭니다.

그것은 우리에게서 아버지와의 친교와 교제를 강탈합니다.

루터 이래로 우리의 신학자들은 이런 상태를 고치는 법을 발견한 적이 없습니다. 성결운동에 속한 사람들이 이러한 문제에 용감하게 도전했지만, 지금까지 어느 누구도 환자 한 사람을 제대로 고치지 못했습니다.

죄들의 회개, 죄들에 대한 후회, 그리고 깊은 신음의 기도가 사람의 치료법이었습니다.

다른 사람들은 교회에 가며, 고행하며, 금식하며, 헌금하며, 기도문을 읽으며, 선한 행실을 하며, 즐거움을 포기하며, 죄들을 고백하며, 나쁜 습관들과 싸우며, 자기 부인과 낮아짐의 훈련에 스스로 임하며, 육체를 무시함으로 그들의 양심을 잠잠히 하려고 시도해 왔습니다. 어떤 사람들은 심지어 자기 몸을 찢기도 했습니다. 어떤 사람들은 먼 순례의 길을 택하기도 했습니다.

이 모든 방법들이 시도되었습니다. 진실한 심령들이라면 누구나 이 중의 몇 가지를 시도해 보았을 것입니다.

각자의 죄들을 서로 고백함으로 일시적인 안도감을 찾는 새로운 운동이 최근 일어나기도 했습니다.

죄들을 고백하는 것이 그들을 누르고 있는 그 압박감에 대한 일시적인 완화책이 될 수는 있지만, 그들이 아무리 자기를 포기하고, 회개하고, 속죄하고, 기도문을 읽고, 자기를 부인한다 하더라도, 결코 어떤 행위도 심령에서 죄의식을 제거할 수는 없습니다.

죄의식에는 두 가지 종류가 있습니다. 하나는 거듭난 적이 없는 사람의 경우이고, 다른 하나는 아직 미성숙한 신자, 즉 유아기 상태를 벗어나지 못하고 그리스도 안에서 자신의 권리들과 특권들을 알지 못하는 경우입니다.

어디에 어려움이 있습니까?

바로 이것입니다. 자연인은 죄인이고, 사실 그 이상이라는 것입니다.

고린도후서 6:14에서 그는 "불법"이라고 불립니다. 다른 곳에서는 "죄"라고 불립니다.

그는 범죄자 그 이상입니다. 그는 법을 어긴 자 그 이상입니다.

그는 본질상 진노의 자녀입니다. 그는 영적으로 죽은 자입니다. 믿는 자들이 하나님과 연합되듯이, 그는 사탄과 연합한 자입니다.

신자는 하나님의 본성에 참여한 자이고, 자연인은 사탄의 본성에 참여한 자입니다.

문제는 이것입니다. 어떤 방법으로 하나님께서 원죄의 문제 the sin problem와 자범죄의 문제the sins problem를 합법적으로 해결하실 수 있을까? 어떤 방법으로 사람 안에 있는 사탄의 본성을 다루실 수 있을까?

하나님의 치료법

하나님께서는 사람의 모든 필요를 담당하며, 아버지와의 교제를 완전히 회복시켜 어떤 죄의 느낌이나 죄책감, 과거의 잘못에 관한 어떤 기억들도 없게 하는 속량을 이루셨습니다.

신자는 그리스도 안에서 온전한 자로 섭니다. 그는 그리스도 안에서 하나님의 충만함에 참여한 자입니다.

"우리가 다 그의 충만한데서 받으니 은혜 위에 은혜러라"요 1:16

만약 당신이 히브리서 10:1-19을 주의 깊게 읽어본다면, 처음의 언약 아래에서는 매년 지난 죄들을 상기시키도록 되어 있지만, 새로운 언약 안에서는 예수 그리스도를 영접한 사람은 죄의식을 잃어버리고 그 자리에 아버지와의 하나됨과 교제를 받게 된다는 것을 발견하게 될 것입니다.

"그가 우리를 흑암의 권세에서 건져내사 그의 사랑의 아들의 나라로 옮기셨으니 그 아들 안에서 우리가 속량 곧 죄 사함을 얻었도다" 골 1:13,14

이 성경 구절에서 하나님께서 "우리를 흑암의 권세-사탄의 지배-에서 건져내셨고" 동시에 "그의 사랑의 아들의 나라로 옮기셨다"는 것에 주목하십시오.

여기에 네 가지 사실이 있습니다.

첫째, 우리는 사탄의 지배로부터 건져내집니다.

둘째, 우리는 그의 사랑의 아들의 나라에 태어납니다.

셋째, 우리는 그 안에서 속량을 얻습니다. 그것은 사탄의 지배로부터의 속량입니다. 사탄에게는 그리스도를 구원자로 영접한 사람을 다스릴 법적인 권리가 전혀 없습니다. 그는 사탄의 지배, 사탄의 가족, 사탄의 권세에서 구출된 것입니다. 그는 하나님의 가족으로, 하나님의 사랑의 아들의 나라에 태어난 것입니다.

이러한 일들이 행해질 때, 그리스도께서 하신 속량 사역이 실재가 되는 것입니다.

넷째, 하나님께서 우리를 사탄의 지배로부터 구해내실 뿐 아니라 우리의 죄들 또한 사해집니다(제거됩니다).

그분은 우리를 속량하십니다. Redeem

그분은 우리를 재창조하십니다. Recreate

그분은 우리를 사탄의 권세에서 구해내십니다. Deliver

그분은 우리가 범한 모든 죄를 사하십니다. Remit

제 4 장

의Righteousness의 의미

이 단어(의)만큼 성경이나 신학에서 제대로 이해되지 못하고 진가를 인정받지 못하는 단어가 없습니다. 그러나 인류가 갈망해 온 모든 것이 이 단어 안에 포함되어 있습니다.

의가 사람에게 주는 것이 모든 인간 종교의 근원입니다. 미개하고 비도덕적인 이방 종교든, 고상하고 세련된 철학적인 현대의 종교든, 이들 모두 의가 인간에게 주는 것을 향한 인간의 갈망에서 비롯된 것입니다.

의는 타락으로 인해 상실한 모든 것들을 사람들에게 회복시켜 줄 뿐 아니라 자녀로서의 새로운 관계를 그 특권과 함께 회복시켜줍니다.

그리스도의 완성된 사역에서 계시된 의가 주는 많은 것들 중 몇 가지를 함께 살펴봅시다.

우리의 위치standing가 회복됩니다

의는 새로운 창조 안에서 우리 것이 되었습니다. 의는 하나님 앞에서 우리의 위치를 회복시킵니다. 의는 그분의 임재 앞에서의 우리의 영적인 진취성, 신뢰, 확신을 불구로 만들고 강탈해온 죄의식을 없애줍니다. 예수님께서 이 땅에 사시는 동안 누렸던 것과 똑같은 정도로 사람에게 하나님 앞에서의 위치를 회복시키는 것입니다.

예수님께서 아버지의 임재 앞에서 두려움이 없으셨던 것과 사탄 앞에서 두려움이 없으셨던 것을 기억하십시오.

그분은 아버지의 임재 앞에서 자신이 합법적인 권리를 가지고 있다는 것을 알았습니다. 그분은 자신이 사탄과 그의 모든 세력들의 지배자라는 것을 알았습니다.

그분이 폭풍 앞에서 얼마나 담대했는지, 그리고 그분은 자연 법칙을 지배하는 절대적인 통치자였음을 기억하십시오.

그분은 수많은 군중들 앞에서도 죽은 나사로에게 "나사로야, 나오너라"라고 말하기를 두려워하지 않았습니다.

그분은 죽음 앞에서 어떤 열등의식도 느끼지 않았습니다. 그분은 질병 앞에서 어떤 열등의식도 느끼지 않았습니다. 그분은 불구자에게 명하여 완전해지라고 말씀하시기를 두려워하지 않았습니다.

의는 엄청난 것입니다.

문제는 이것입니다. 하나님께서 사람에게 의를 회복시키셨습니까? 그것이 바로 내가 이 작은 책을 쓰고 있는 이유입니다. 오래된 이 문제에 답을 하려 합니다.

교제가 회복됩니다

의는 사람의 잃어버린 교제를 회복시킵니다.

예수님의 삶에서 교제의 실례를 볼 수 있습니다. 그분은 어린아이가 부모에게 다가가듯 자유롭고 스스럼없이 아버지께로 나아가셨습니다. 그분은 어린아이가 아빠에게 말을 걸 듯 친밀하고 꾸밈없이 아버지께 말하셨습니다.

예수님은 독특한 교제를 누리셨습니다. 예수님의 영 안에는 죄책감, 죄의식, 정죄감이란 것은 없었습니다.

오늘날 우리 심령은 이렇게 묻고 있습니다. "하나님께서 이러한 의를 사람에게 회복시킬 수 있을까?"

우리는 하나님께서 하실 수 있다고 믿습니다. 그리스도께서 완성하신 사역이 이 일을 보증한다고 믿습니다.

예수님께는 뭔가 부족하다는 의식이 없었습니다. 인두세를 내기 위해 돈이 필요하셨을 때, 예수님은 베드로에게 가서 고기를 잡으면 그 입 안에서 돈을 발견하게 될 것이라고 말씀하셨습니다.

오천 명의 군중을 먹이실 때, 사람들은 떡 다섯 덩이와 작은 물고기 두 마리를 가져왔습니다. 예수님은 축사하시고 떡을 떼셨습니다. 온 무리가 먹고도 열두 광주리가 남았습니다.

예수님께는 금전적으로 부족하다는 의식이 없었습니다. 그분께는 사랑도, 지식도, 능력도 뭔가 부족하다는 느낌이라고는 전혀 없었습니다.

예수님은 죄의식의 느낌도 없었습니다. 열등의식도 없었습니다.

예수님이 소유했던 이 의가 가장 달콤하고 가장 완전한 아버지와의 교제를 그분께 주었던 것입니다.

믿음이 회복됩니다

의는 사람에게 잃어버린 믿음을 회복시킵니다.

만약 이런 실례를 보고 싶다면, 도시로 가서 정신분석에 관해 말하는 것을 들으려고 모인 군중들을 보십시오. 다시 말해서, 자기 자신들을 믿지 못하는 사람들을 다스리기 위해 자신을 믿는 법에 관한 것을 들으려는 것입니다.

그러나 예수님께는 믿음이 필요하지 않았습니다. 예수님은 자신을 믿으셨습니다. 예수님은 자신의 사명을 믿으셨습니다. 예수님은 자신의 아버지를 믿으셨습니다. 그리고 그분은 인간을 믿으셨음이 틀림없습니다.

만약 회복된 의의 필요성을 보기 원한다면, 교회로 가서 그리스도인들의 대다수가 극히 비정상적으로 믿음이 없는 것을 보십시오.

그들은 "내가 그 손의 못 자국을 보며 내 손가락을 그 못 자국에 넣으며 내 손을 그 옆구리에 넣어 보지 않고는 믿지 아니하겠노라"요 20:25고 말한 도마와 같습니다.

도마의 믿음은 현대 그리스도인의 믿음과 마찬가지로 감각지식에 근거한 믿음입니다. 이런 믿음은 그들이 보고 듣고 느낄 수 있는 것들에 근거한 믿음입니다.

이것이 바로 현대의 몇몇 운동이 수많은 물리적 현상의 나타남을 통해 군중의 믿음을 자극해 끌어들일 수 있었던 이유입니다.

이것은 감각지식의 믿음입니다.

평화가 회복됩니다

오직 의가 회복될 때에야 비로소 평화가 회복될 수 있습니다.

의는 하나님과 우리의 평화를 회복시킵니다. 개인은 집단과 마찬가지이고 집단은 국가와 마찬가지인데, 들끓고 불안하고 평화나 평온함이 없습니다.

"그러나 악인은 평온함을 얻지 못하고 그 물이 진흙과 더러운 것을 늘 솟구쳐 내는 요동하는 바다와 같으니라"사 57:20,21

부족감, 죄책감, 빈곤감, 무거운 짐과 지불해야 할 청구서들이 심령을 걱정과 불안으로 가득 채웁니다.

의는 영에 평온과 안식을 회복시킵니다. 우리는 더 이상 청구서들이나 환경을 두려워하지 않습니다.

믿음이 부지불식간에 솟아나서 우리는 우월의식을 가지고 가장 적대적인 환경에 맞닥뜨립니다.

우리가 지배자입니다. 오늘날 사람에게 의를 인식하는 것보다 더 필요한 것은 없습니다.

자유가 회복됩니다

의는 평화를 회복시켜 줄 뿐 아니라 인간의 심령이 오랜 세월을 거쳐 추구하고 분투해온 것, 즉 자유를 사람에게 가져다줍니다.

가장 위대한 자유는 정치적인 자유나 재정적인 염려 또는 신체적인 불편함으로부터의 자유가 아니라, 죄의식으로부터의 자유입니다.

의는 사람에게 예수님이 소유했던 것과 동일한, 인류가 그 어떤 것보다 갈망해 온 그 자유를 회복시켜 줍니다.

그것은 그리스도 안에서의 자유이고, 사탄의 공포로부터의 자유이며, 사람의 두려움으로부터의 자유인데, 이는 우리가 온 심령으로 하나님을 신뢰하기 때문입니다. 우리는 자신의 명철 understanding;이해을 의지하지 않습니다. 우리는 감각지식이나 환경에 의해 시달리거나 우울해지지 않습니다.

우리는 "내 아버지는 만물보다 크시며"요 10:29 "내 안에 계신 이가 세상에 있는 자보다 크다"요일 4:4는 달콤하고 놀라운 인식 가운데 서 있습니다.

자녀 됨이 회복됩니다

의는 우리에게 자녀 됨의 특권을 깨닫도록 해줍니다.

우리는 그분의 아들들입니다. 하나님은 우리의 아버지입니다. 우리는 그분의 자녀입니다. 우리는 그분의 가족입니다.

우리는 우리 아버지를 압니다. 그분은 우리를 사랑하시고 우리는 그분을 사랑합니다.

의는 우리에게 대등한 입장에서 갖는 천국 교제의 말할 수 없는 기쁨을 회복시켜 줍니다.

우리는 종이 아닙니다. 우리는 죄인이 아닙니다.

우리는 아들들입니다.

우리는 하나님의 상속자요 예수 그리스도와 공동 상속자인 것입니다.

제 5 장

하나님께서 우리를 의롭게 만드시는 방법

하나님 앞에서의 우리의 위치는 예수 그리스도를 믿는 믿음에 기반을 둔 것입니다. 다른 말로 하면, 하나님께서 우리의 불법을 예수님께 담당시킨 것입니다.

"하나님이 죄를 알지도 못하신 이를 우리를 대신하여 죄로 삼으신 것은 우리로 하여금 그 안에서 하나님의 의가 되게 하려 하심이라" 고후 5:21

예수님은 단순히 속죄제물 이상입니다. 그분은 우리의 죄를 짊어지시고 실제로 죄가 되셨습니다. 우리의 불의로 인해 그분은 실제로 불의하게 되셨습니다.

예수님은 우리 죄의 대속물이 되셔서 우리의 죄들과 우리 자신을 떠맡아, 그분의 육체를 떠난 후 고통의 장소로 가셨습니다. 예수님은 우리에 대한 공의의 요구를 모두 만족시키기까지 그곳에 머무르셨습니다.

예수님은 우리의 대속물이셨고, 우리를 대신하셨으며, 우리의 죄를 짊어지시고 죄가 되셨습니다. 예수님은 우리에게 가해지는 모든 것들이 만족될 때까지, 죄인들이 형벌 받고 고통당하는 감옥에 가 계셨습니다. 그것은 인류를 위해 고통당하신 신성Deity이며, 그렇기 때문에 그 처벌을 담당하실 수 있었습니다.

우주의 최고 법정에서 하나님께서 그리스도 안에서 행하신 일이 충분하고, 그리스도의 고통이 공의의 모든 요구에 상응하고 만족시켰다고 선포되었을 때, 하나님께서는 예수님이 의가 되셨다고 선언하셨습니다. 롬 4:25

디모데전서 3:16에서 바울은 예수님이 "영으로 의롭다 하심을 받으셨다"고 했고, 베드로전서 3:18에는 "영으로는 살리심을 받으셨다"고 되어 있습니다.

예수님은 죽음으로부터 나신 분이기에 "죽은 자들 가운데서 먼저 나신 자"라고 반복해서 불립니다.

하나님께서 우리의 죄를 그분에게 두셨습니다. 예수님은 죄가 되셨고, 우리 대신 고통당하셨습니다.

그분이 공의가 요구하는 바를 만족시켰을 때, 죽음은 더 이상 그분을 붙잡아둘 수 없었습니다.

그분은 "의롭다 선언되었습니다."

그분은 "다시 사신 바 되었습니다."

그분은 "죽은 자들 가운데 먼저 나신 자", 즉 새로운 피조물의 머리가 되셨습니다. 골 1:18

우리가 예수 그리스도를 우리의 구원자로 믿을 때, 하나님께서는 예수님께서 하신 일에 근거하여 우리를 의롭다고 선언하실 수 있습니다. 이러한 의에는 두 가지 단계가 있습니다.

첫째, 하나님이 우리를 의롭다고 선언하십니다. 그리고 둘째, 우리는 새로운 피조물이 됩니다.

우리는 하나님의 본성에 참여한 자가 되었으므로, 본질상 의롭고 믿음으로 의롭습니다.

이제 우리는 고린도후서 5:21의 "하나님이 죄를 알지도 못하신 이를 우리를 대신하여 죄로 삼으신 것"을 이해할 수 있습니다.

왜 그러셨습니까? "우리로 하여금 그 안에서 하나님의 의가 되게 하려 하심이라"

하나님께서 예수님으로 죄를 삼으신 것이 확실한 만큼, 우리가 그분을 영접하는 순간 하나님께서 우리를 의가 되게 하셨음도 확실합니다.

"그리스도 예수 안에 있는 속량으로 말미암아 하나님의 은혜로 값없이 의롭다 하심을 얻은 자 되었느니라" 롬 3:24

하나님께서는 우리가 그리스도 예수 안에 있는 속량으로 말미암아 하나님의 은혜로 값없이 의롭다 하심을 얻은 자가 되었다고 선포하셨습니다.

하나님께서 이 일을 행하신 것은 "하나님께서 길이 참으시는 중에 전에 지은 죄를 간과하심으로 자기의 의로우심을 나타내려 하심" 롬 3:25입니다.

그분이 의도하신 바가 무엇입니까?

아담의 타락 이래로 예수께서 십자가에 달리실 때까지 하나님께서는 황소와 염소의 피로 죄를 덮어오셨습니다. "육체의 생명은 피에 있음이라 내가 이 피를 너희에게 주어 제단에 뿌려 너희의 생명을 위하여 속죄하게 하였나니 생명이 피에 있으므로 피가 죄를 속하느니라"레 17:11

'속죄atonement'라는 단어는 죄를 '덮는다'는 의미입니다. 이 단어는 그리스도의 피와 결부되어 결코 사용된 적이 없습니다. 왜냐하면 그리스도의 피는 죄를 덮는 것이 아니라 깨끗이 하는 것이기 때문입니다.

우리는 덧입혀질 필요가 없습니다.

율법 아래에서는 죄가 없어지지 않습니다. 깨끗해지지도 않습니다. 단지 황소와 염소의 피로 덮여질 뿐입니다.

이제 우리는 믿음으로 예수 그리스도를 우리의 구원자이자 주님으로 영접할 수 있습니다. 우리가 영접할 때 우리는 그분 안에서 하나님의 의가 됩니다.

그분의 은혜로 의롭게 된 우리는 지금 당장 우리 주 예수 그리스도를 통하여 하나님과 화평을 누립니다.

의롭게 되고, 우주의 최고 법정에서 의롭다고 선고를 받으며, 오랜 세월에 걸쳐 깨어져 있던 하나님과의 교제가 회복됨으로 우리의 존재에 모든 이해를 초월하는 하나님의 평화가 가득 차게 됩니다.롬 5:1

이제 우리는 그분의 임재 앞에 아무 죄의식 없이, 아무 두려움 없이 설 수 있습니다. 왜냐하면 "주께서 그러하심과 같이 우리도 세상에서 그러하니라"요일 4:17라고 말씀이 증거하기 때문입니다.

그분은 의로우신 분입니다. 그분 자신이 우리를 의롭다고 선언하셨고, 우리를 의롭게 만드셨습니다.

이것이 믿음이 자라는 토대입니다.

우리가 하나님의 말씀이 가르치는 그대로 이것을 알 때, 우리는 우리 생각에 어떤 이의나 의문이 없이 아버지의 임재 안으로 발을 내딛게 될 것입니다.

우리는 그러므로 이제 그리스도 예수 안에 있는 우리에게는 결코 정죄함이 없다는 것을 알고 있습니다.롬 8:1

잃어버린 의를 회복하기

이것이 하나님의 가장 큰 문제였습니다.

어떻게 하나님께서 사람에게 그의 잃어버린 의를 합법적으로 회복시키고 그분 자신과 똑같이 되게 하실 수 있었을까요?

이 문제를 다루고 있는 로마서의 처음 여덟 장 안에 그 해결책이 있습니다.

"세상에서 소망이 없고 하나님도 없는 자이더니"엡 2:12

타락한 사람은 하나님이 없고 소망도 없습니다.

그는 영적으로 죽어 있고 사탄의 본성에 참여한 자입니다. 그는 하나님과 함께 설 수 없는 자입니다. 그는 시민권도 없고 호소할 수 있는 합법적인 권리도 없는 자입니다. 그는 마치 교도소에 수감된 유죄판결을 받은 죄수와 같습니다.

그는 영적으로 하나님의 원수와 연합한 자입니다. 그의 본성은 하나님께 적대적입니다. 그가 새로 창조되기 전까지는 하나님의 뜻에 굴복하지 않고 또한 굴복할 수도 없습니다. 롬 8:7

하나님께서는 어떻게 사람을 그분 자신과 화목케 하시고, 의롭게 만드시며, 완벽한 교제의 관계로 회복시킬 수 있었을까요?

그것은 오직 하나님 자신의 아들이 사람을 대신해서 공의가 요구하는 모든 것들을 만족시키고 잃어버린 자의 상태로 내려가는 것을 통해서만 이루어지는 것입니다. 고후 5:17-21

예수님께서 이 일을 행하시고 공의가 요구하는 것들을 완벽하게 충족시키신 후에, 그분은 영으로 의롭게 되셨습니다.

그분은 영으로 의롭게 되셨을 뿐 아니라, 영으로 살아나게 되셨습니다. 그분은 재창조 되었기에 하나님께서는 그분을 가리켜 "너는 내 아들이라 오늘 너를 낳았다" 행 13:33 고 하셨습니다.

예수께서는 의롭다고 선언을 받으시고, 의롭게 되시고, 그리고 살아나셔서 아버지와의 완전한 교제의 관계로 회복되셨습니다.

예수님은 아버지와의 완전한 교제의 관계로 회복되시고 마치 죄가 되었던 적이 없는 것처럼 천국에 들어가실 수 있게 된 후에, 높은 곳에 계신 위엄의 우편에 앉으셨습니다.

그분은 사람을 위해 완전한 대속을 이루셨습니다.

그분은 하나님께서 사람을 의롭다고 하시는 것뿐 아니라 완전히 재창조하는 것이 가능하도록 하셨습니다.

이러한 근거 위에 사람은 하나님과 화목케 되었습니다. 이제 사람은 아버지와 교제하고 친밀히 대화할 수 있는 권리를 가지고 있습니다. 즉 마치 죄를 지은 적이 없는 것처럼 그분의 임재 앞에 서는 것입니다.

예수님께서 잃어버린 자들의 거처를 떠나 곧장 아버지의 임재로 들어가실 수 있었던 사실은 가장 비열한 죄인도 우리 주 예수 그리스도를 통해 똑같이 할 수 있다는 것을 증명합니다.

사람이 얼마나 사악한가는 아무런 문제가 되지 않으며, 만약 그가 그리스도를 그의 구원자로 영접하고 주님이라고 고백하면 하나님께서는 그를 새로운 피조물로 만드십니다. 그 사람은 그리스도 안에서 하나님의 의가 되는 것입니다.

의는 그 안에서 생생한 실재가 되는 것입니다.

동산에서 아담은 하나님과 온전한 교제를 누리고 있었습니다. 하나님이 사람을 위해 어떤 일을 해 주신다고 해도, 그것이 사람에게 그가 잃어버린 의와 교제의 특권과 잃어버린 통치권을 돌려주는 것이 아니라면 그것은 완전한 것이 아닙니다.

그의 잃어버린 의와 잃어버린 교제가 새로운 창조 안에서 회복됩니다.

그의 의가 회복되는 순간, 그의 잃어버린 통치권 역시 예수님의 이름을 사용함으로 그에게 회복됩니다. "너희가 무엇이든지 아버지께 구하는 것을 내 이름으로 주시리라" 요 16:23

의인

"의인의 기도" 약 5:16

당신은 의인이고 당신의 기도는 역사하는 힘이 큽니다.

엘리야는 간주된 의, 곧 종의 의를 받았습니다. 그러나 당신은 아버지의 본성을 받음으로 의롭게 되었습니다. 당신의 기도생활에 제한이란 없습니다. 이제 당신은 아버지께서 꿈꾸셨던 그리스도 안에서의 당신 모습으로 만들어지는데 필요한 모든 요소들을 당신 안에 가지고 있습니다.

과감하게 기도하십시오. 과감하게 예수님의 이름을 사용하십시오. 과감하게 당신의 자리를 차지하십시오. 주님께서 사탄과 질병을 다루실 때 그러했듯이 당신도 두려워하지 마십시오. 왜냐하면 당신은 그분의 이름을 소유했기 때문입니다. 당신은 그분의 능력을 소유했습니다. 이제 그분이 당신의 지혜와 삶의 힘이십니다.

승리의 비결은 두려움 없이 행동하는 것이며, 사탄이 당신을 두려워하도록 담대하게 고백하는 것입니다.

당신은 의인입니다.

제 6 장

하나님 자신이 우리의 의입니다

　우리 대부분이 깨달은 것보다 더 많은 것들이 의라는 주제 안에 존재하고 있음이 틀림없습니다. 우리는 이것이 바울이 받은 계시의 열쇠라는 것을 알고 있습니다.

　그는 복음을 부끄러워하지 않는다고 말했습니다. 왜냐하면 복음은 사람들에게 구원을 줄 뿐만 아니라 "복음에는 하나님의 의가 나타나서 믿음으로 믿음에 이르게" 하기 때문입니다. 롬 1:17

　곧이어 로마서 3:21-22에서는 "이제는 율법 외에 하나님의 한 의가 나타났으니 율법과 선지자들에게 증거를 받은 것이라 곧 예수 그리스도를 믿음으로 말미암아 모든 믿는 자에게 미치는 하나님의 의니 차별이 없느니라"고 했습니다.

　3장에서 그리스도 안에서의 우리의 속량에 대해 말한 후, 26절에서 "곧 이 때에 자기의 의로우심을 나타내사 자기도 의로우시며 또한 예수 믿는 자를 의롭다 하려 하심이라"고 했습니다.

하나님께서 그분 자신이 우리의 의가 되셨다고 선포했을 때, 이는 거의 우리의 이해력을 넘어서는 것입니다.

의는 하나님의 임재 앞에서 죄책감이나 정죄감이나 열등감 없이 설 수 있는 능력을 의미합니다.

하나님께 걸맞을 만한 속량은 이것을 이루어야만 합니다. 사람은 하나님께로부터 멀어져 있었습니다. 그는 회복되어야만 합니다.

이러한 사실 이면에는 창조의 이유가 바로 사람이었다는 가슴 아픈 비극이 있습니다. 사람은 죄를 범했을 때 스스로를 아버지와의 교제에서 분리시킨 것입니다.

속량의 드라마 전체가 여기서 절정을 이루게 됩니다. 즉 사람은 아버지와의 완전한 교제의 관계로 회복되어야 하고 또한 그것은 합법적으로 이루어져야 하는 것입니다.

아버지와의 완전한 교제와 완전한 관계를 합법적으로 회복시키지 않는 속량은 아버지께 걸맞지 않는 것이고, 사람을 하나님께서 계획하신 그 위치로 들어 올릴 수 없는 것입니다.

의의 목표는 사람에게 교제를 주는 것입니다. 이것이 바로 예수님의 성육신과 공생애, 그러고나서 자신이 죄가 되신 십자가가 있는 이유입니다.

예수님은 그분이 의롭게 될 때까지 심판 아래 머물러 계셨습니다. 그분이 의롭게 되시고 생명을 받으신 후에야 그분은 대적을 무찌르시고 죽은 자 가운데서 살아나셨습니다.

우리는 그분이 우리의 죄를 짊어지시고 죄가 되셨다는 것을 알고 있습니다. 우리는 그분이 의롭게 되신 것이 틀림없다는 것을 알고 있는데, 이는 그분이 새로운 피조물의 머리로서 부활하신 후에 하나님의 임재 가운데로 들어가셨기 때문입니다.

만약 영적으로 죽으시고 우리의 죄를 짊어지시고 죄가 되신 그분이 의롭게 되고 아버지와의 완전한 교제로 회복될 수 있었다면, 하나님께서는 우리도 합법적인 근거 위에서 재창조하시어 주께서 누리시는 것과 동일한 의와 교제를 주실 수 있습니다.

의에 관한 몇 가지 사실

로마서 4:25에는 "예수는 우리가 범죄한 것 때문에 내줌이 되고 또한 우리를 의롭다 하시기 위하여 살아나셨느니라"고 되어있습니다.

그리고 로마서 5:1에는 "그러므로 우리가 믿음으로 의롭다 하심을 받았으니 우리 주 예수 그리스도로 말미암아 하나님과 화평을 누리자"라고 되어 있습니다.

화평은 교제입니다. 그리스도께서 죽은 자들 가운데 살아나셨을 때, 그분이 살아나신 이유가 우리를 의롭다 하시기 위해서라고 밝히고 있습니다.

우리가 예수 그리스도를 구원자로 영접할 때 우리는 하나님의 본성divine nature에 참여한 자가 되기 때문에 그 의는 우리의 일부가 됩니다. 하나님의 본성은 의이므로, 우리는 그분의 본성인 그분 자신의 의로 인해 의가 됩니다.

"그런즉 누구든지 그리스도 안에 있으면 새로운 피조물이라 이전 것은 지나갔으니 보라 새 것이 되었도다 모든 것이 하나님으로부터 났으며 그가 그리스도로 말미암아 우리를 자기와 화목하게 하시고 또 우리에게 화목하게 하는 직분을 주셨으니 곧 하나님께서 그리스도 안에 계시사 세상을 자기와 화목하게 하시며 그들의 죄를 그들에게 돌리지 아니하시고 화목하게 하는 말씀을 우리에게 부탁하셨느니라"고후 5:17-19

완전한 의만 있는 것이 아니라 완전한 화목하게 함reconciliation도 있습니다.

화목하게 함은 교제를 의미하며, 화목하게 되기 전까지 교제란 있을 수 없기 때문입니다.

이에 관하여 생소한 것이 있는데, "또 우리에게 화목하게 하는 직분을 주셨으니 곧 하나님께서 그리스도 안에 계시사 세상을 자기와 화목하게 하시며 그들의 죄를 그들에게 돌리지 아니하시고 화목하게 하는 말씀을 우리에게 부탁하셨느니라"는 것입니다.

화목하게 함은 새로운 창조를 통해서 우리에게 옵니다. 우리가 영생을 받는 그 순간, 우리의 영은 재창조됩니다. 우리는 다름 아닌 하나님의 아들들과 딸들이 되는 것입니다.

새로운 창조와 더불어 화목하게 함과 의와 교제를 갖게 됩니다.

그리스도인의 삶에서 기쁨은 아버지와 교제를 나누는 것입니다. 우리가 교제 안에 있을 때, 믿음은 가득 흘러넘칩니다. 우리가 교제 밖에 있을 때, 믿음은 움츠러들고 쇠약해집니다.

교제는 말씀과 예수님의 중보를 통해 유지됩니다. 그분은 아버지 우편에서 우리를 변호하시는 분입니다.

의는 지금 아버지와 함께 설 수 있게 하고, 지금 예수님의 이름을 사용하는 권세를 주며, 아들과 딸로서의 신분과 대적을 제압하는 승리를 줍니다.

신자는 자신의 의와 그리스도 안에서의 교제를 끊임없이 증거하고 고백해야 합니다.

제 7 장

의는 합법적으로 우리의 것입니다

"하나님이 죄를 알지도 못하신 이를 우리를 대신하여 죄로 삼으신 것은 우리로 하여금 그 안에서 하나님의 의가 되게 하려 하심이라"고후 5:21

하나님께서 예수님을 죄가 되게 하셨습니다. 예수님은 죄로 간주되었을 뿐 아니라, 그분의 영이 실제로 죄가 되었습니다.

그분은 십자가에서 두 번 죽으셨습니다.

이사야 53:9에 "그는 강포를 행하지 아니하였고 그의 입에 거짓이 없었으나 그의 무덤이 악인들과 함께 있었으며 그가 죽은 후에 부자와 함께 있었도다"라고 되어 있는데, 다른 번역의 난외주를 보면 "그가 악한 자들과 더불어 자기의 무덤을 마련하였으며, 그의 죽음들을 부자와 함께 하였으니"라고 되어 있습니다.

"그의 죽음들"이 복수형이라는 것을 주목하십시오.

하나님께서 죄를 예수님 위에 두시고 그분을 죄로 삼으신 그 순간, 그분은 영적으로 죽으신 것입니다. 그리고 몇 시간 후에 육체적으로 죽으신 것입니다.

그분은 영으로 죽으셨습니다. 그래서 디모데전서 3:16에는 영으로 의롭다 하심을 입으셨다고 되어 있고, 베드로전서 3:18에는 영으로 살리심을 받으셨다고 되어 있습니다.

그분이 의롭게 되자마자 그 순간의 의justification는 세상에 속한 것이었는데, 이는 그분이 우리의 대속물이 되셨기 때문입니다.

"예수는 우리가 범죄한 것 때문에 내줌이 되고 또한 우리를 의롭다 하시기 위하여(또는 의롭다 하심을 받았을 때) 살아나셨느니라"롬 4:25

언제 우리가 의롭게 되었습니까? 예수께서 의롭게 되셨을 때입니다. 언제 예수께서 의롭게 되셨습니까? 그분이 영으로 살리심을 받으셨을 때입니다.

성경의 두 구절이 이것을 설명합니다. 사도행전 13:33-34에서 하나님께서 주 예수에 대해 "너는 내 아들이라 오늘 너를 낳았다"라고 말씀하고 있으며, 골로새서 1:15-18에서는 "그는 보이지 아니하는 하나님의 형상이시요 모든 피조물보다 먼저 나신 이시니 … 그는 몸인 교회의 머리시라 그가 근본이시요 죽은 자들 가운데서 먼저 나신 이시니 이는 친히 만물의 으뜸이 되려 하심이요"라고 말씀하고 있습니다.

예수님은 거듭난 사람 중의 가장 처음이십니다.

그분은 처음 나신 분이며, 그분이 죽음에서 생명으로 태어나신 것은 우리를 위함입니다.

이제 우리는 에베소서 2:10을 이해할 수 있습니다. "우리는 그가 만드신 바라 그리스도 예수 안에서 선한 일을 위하여 지으심을 받은 자니"

언제 그분이 그 일을 하셨습니까? 제가 방금 말한 그때입니다. 그분이 죄가 되시고, 의롭게 되시고, 죽은 자들 가운데서 다시 살아나시고, 천국의 지성소에 그분의 피를 가지고 들어가셔서 하나님의 우편에 앉으셨을 때부터입니다.

그분의 일이 완성되어 새로운 창조가 실재가 될 수 있었기 때문에 그분은 앉으셨습니다.

이제 사람은 죽음에서 생명으로 들어갈 수 있으며, 그분 안에서 하나님의 의가 될 수 있게 되었습니다.

만약 예수께서 의롭게 되셨다면, 그리고 지옥으로부터 나와서 천국에 들어갈 만큼 의롭게 되셨다면, 즉 죄가 되신 후 아버지의 임재 안으로 들어가시고, 그분의 우편에 앉으시고, 그리고 아버지로부터 그곳에 받아들여질 만큼 의롭게 되셨다면, 예수 그리스도를 구원자로 영접하고 그분을 주님으로 고백하여 영생을 얻은 사람은 누구나 예수님처럼 의롭게 되는데, 이는 예수님께서 하나님으로부터 우리에게 의가 되셨기 때문입니다.

거기서 멈추지 마십시오. 과감하게 로마서 3:26로 가서 읽어봅시다.

"곧 이 때에 자기의 의로우심을 나타내사 자기도 의로우시며 또한 예수 믿는 자를 의롭다 하려 하심이라"

여기서 하나님께서는 그분 스스로, 예수님을 구원자로 믿고 자신의 주님으로 고백하는 사람의 의가 되신다고 밝히고 계십니다.

만약 우리가 그리스도 안에서 하나님의 의가 되었고, 의가 아무 정죄 없이 절대적인 자유함으로 하나님 앞에 설 수 있는 능력을 의미한다면, 하나님께서는 죄의식의 문제를 해결하신 것입니다.

하나님께서 죄의 문제를 어떻게 다루셨는가?

단순히 그 죄를 용서 받았다고 해서 사람이 하나님과 함께 설 수 있는 것이 아닙니다. 여전히 사태를 지배하고 있는 죄들을 만들어 내는 옛 본성이 남아 있습니다.

그러나 사람이 하나님의 자녀가 될 때, 그는 새로운 피조물이 된 것입니다.

"이전 것은 지나갔으니 보라 새 것이 되었도다 모든 것이 하나님께로서 났으며 그가 그리스도로 말미암아 우리를 자기와 화목하게 하시고" 고후 5:17-18

완전한 화목하게 함이 있습니다. 이 새로운 창조 안에 죄가 있다면 그것은 완전한 화목하게 함이 아닙니다.

하나님께서는 사람을 새로운 존재로 만드셨습니다.

그와 동시에 사람이 과거에 삶에서 지었던 모든 죄들이 사함받고(제거되고), 씻겨 없어져 마치 그가 생전 죄를 짓지도 않은 것처럼 됩니다.

"죄 사함remission"이라는 단어는 신자와 결부되어 사용된 적이 없습니다. 이 단어는 언제나 새로운 탄생과 결부되어 사용됩니다. 사람의 죄는 단번에 사해집니다(제거됩니다).

여덟 번 내지 아홉 번, "아페시스aphesis"라는 그리스어 단어가 "용서forgiveness"라고 번역되었습니다. 용서는 새로운 탄생과 결부되어 사용된 적이 없습니다.

요한일서 1:9을 보면 "만일 우리가 우리 죄를 자백하면 그는 미쁘시고 의로우사 우리 죄를 사하시며forgive 우리를 모든 불의에서 깨끗하게 하실 것이요"라고 되어 있습니다.

이것은 구원받지 못한 사람들에게 쓴 것이 아닙니다. 이것은 아버지와의 교제를 잃어버린 신자에게 쓴 것입니다.

용서forgiveness는 신자에게 속한 것입니다.

죄 사함remission은 죄인에게 속한 것입니다.

죄의 본성은 제거되고 대신 새로운 본성이 그 자리를 차지한다는 것에 주목하십시오. 옛 피조물이 저질렀던 모든 죄들은 씻겨 없어져 마치 존재하지도 않았던 것처럼 됩니다. 하나님은 그것들을 기억하지 않으십니다.

누군가 당신이 거듭나기 전에 지었던 죄들을 고백해야 한다고

한다면, 그는 하나님께서 죄의 문제를 다루시는 것에 대해 무지한 것입니다. 새로운 피조물은 자범죄sins도 없고, 원죄sin도 없습니다.

만약 원죄를 가지고 있다면, 그는 거듭난 것이 아닙니다. 만약 자범죄를 가지고 있다면, 그는 죄 사함을 받은 것이 아닙니다.

"이제 자기를 단번에 제물로 드려 죄를 없이 하시려고 세상 끝에 나타나셨느니라" 히 9:26

여기서 죄에 대해 하나님께서 말씀하시는 것을 볼 수 있습니다. 예수님께서 그 죄의 본성을 대신 지심으로 사람은 새로운 피조물이 될 수 있는 것입니다.

예수께서 죄가 되셔서 죄를 없애셨을 때, 죄의 문제는 더 이상 논쟁의 대상이 아닙니다.

인류 역사상 가장 사악한 사람도 예수님을 영접할 수 있고, 영접하는 그 순간 그는 새로운 피조물이 됩니다. 그가 새로운 피조물이 될 때, 죄의 본성은 더 이상 존재하지 않으며 대신 새로운 본성이 그 자리를 차지합니다.

새로운 창조

앞에서 보았지만, 다시 한 번 고린도후서 5:17-18을 주의 깊게 봅시다.

"그런즉 누구든지 그리스도 안에 있으면 새로운 피조물이라 이전 것은 지나갔으니 보라 새 것이 되었도다 모든 것이 하나님께로서 났으며 그가 그리스도로 말미암아 우리를 자기와 화목하게 하시고 또 우리에게 화목하게 하는 직분을 주셨으니"

먼저 "그런즉 누구든지 그리스도 안에 있으면"을 주목하십시오.

"그리스도 안에in Christ"라는 표현은 사람이 거듭날 때 그리스도 안으로 들어간다는 것을 의미합니다. 마치 가지가 포도나무 안에 있는 것처럼, 신자도 그리스도와 연합하게 됩니다.

"만일 우리가 그의 죽으심과 같은 모양으로 연합한 자가 되었으면 또한 그의 부활과 같은 모양으로 연합한 자도 되리라"롬 6:5

그리스도와 우리의 연합이 있습니다. 그 연합은 우리가 그분 안에 있음을 의미합니다.

그렇기 때문에 "그런즉 누구든지 그리스도 안에 있으면 새로운 피조물이라"라고 한 것입니다.

그것은 죄들이 용서 받는 것에 관한 문제도, 우리가 충분히 회개해야 하는 것에 관한 문제도 아닌 실제적인 새로운 탄생에 관한 문제입니다.

자연인natural man은 하나님도 없고, 소망도 없으며, 영적으로 죽었고, 대적 원수의 자녀이며 본질상 진노의 자녀입니다. 그런 그가 예수 그리스도를 그의 구원자로 영접하고 그의 주님으로 고백할 때, 그 즉시 그는 영생 즉 하나님의 본성을 얻음으로 재창조됩니다.

요한복음 10:10은 "내가 온 것은 양으로 생명을 얻게 하고 더 풍성히 얻게 하려는 것이라"고 말씀합니다.

요한복음 5:24은 그분을 믿는 자는 심판에 이르지 않고 사망에서 생명으로 옮겨졌다고 말씀합니다.

요한일서 5:12은 "아들이 있는 자에게는 생명이 있고 하나님의 아들이 없는 자에게는 생명이 없느니라"고 말씀합니다.

요한일서 5:13은 "내가 하나님의 아들의 이름을 믿는 너희에게 이것을 쓰는 것은 너희로 하여금 너희에게 영생이 있음을 알게 하려 함이라"고 말씀합니다.

이것은 영생에 대한 소망이 아닙니다. 이것은 영생 즉 하나님의 본성을 실제로 받는 것입니다.

이 본성을 받을 때, 당신은 사탄의 옛 본성을 잃어버립니다.

이 두 가지 본성을 동시에 소유할 수는 없습니다. 만약 그렇다면 당신은 동시에 각기 다른 두 가족에 속하는 것입니다.

그러면 하나님도 당신의 아버지이고 사탄도 당신의 아버지일 것입니다. 당신은 죽으면 천국과 지옥 두 곳을 동시에 가게 될 것입니다.

사람의 재창조되는recreated 부분은 그의 영입니다. 그의 지성은 새로워지며renewed, 만약 그가 아프다면 그의 몸은 치유됩니다healed.

나는 그리스도 예수 안에서 창조된 이 새로운 피조물이 하나님의 본성에 참여하는 자가 되었기에 사탄의 지배로부터 예수 그리스도의 지배로 옮겨졌다는 사실을 당신이 분명하게 알게 되기를 원합니다.

예수님은 이 새로운 피조물의 주님이십니다.

"할례나 무할례가 아무 것도 아니로되 오직 새로 지으심을 받는 것만이 중요하니라" 갈 6:15

"너희는 그 은혜에 의하여 믿음으로 말미암아 구원을 받았으니 이것은 너희에게서 난 것이 아니요 하나님의 선물이라 행위에서 난 것이 아니니 이는 누구든지 자랑하지 못하게 함이라" 엡 2:8,9

구원받지 못한 사람들이 회개하며, 죄를 짓지 않으려 하며, 속죄하며 행하는 모든 것들은 거듭나지 못한 사람들의 일입니다. 그런 행위는 하나님 앞에 설 수 있게 만들지 못합니다.

하나님께서는 죄인을 있는 그대로 받아주십니다. 그가 얼마나 깊이 죄에 빠졌었는지와 상관없이 새로운 탄생은 그를 바른 사람으로 만들 것입니다.

우리는 죄인이 하나님께서 그를 용서하실 때까지 기도로써 회개해야 한다는 생각을 가지고 있습니다.

이런 생각은 모두 비성경적인 것입니다.

그것은 율법 아래 있는 유대인에게는 옳을지 몰라도, 은혜 아래 있는 죄인에게는 그렇지 않습니다.

죄인은 죽은 자입니다. 그는 죄입니다. 그가 행하는 모든 선한 일들도 모두 죄의 행위입니다. 하나님께서는 그것들을 원치 않으십니다.

하나님께서는 그를 있는 그대로 즉 죄와 반역과 사탄의 본성이 가득한 그대로 취하셔서 그분의 본성을 그에게 전이하십니다.

그분의 본성은 불결하고 더러운 사탄의 본성을 몰아내고 그를 새로운 피조물로 만드십니다. 옛 피조물의 모든 죄들은 순간적으로 사함받습니다(제거됩니다).

그 사람은 마치 죄를 지은 적이 없는 것처럼 아버지 앞에 섭니다.

이 드라마의 다음 단계는 이 모든 것들 중 핵심입니다.

"하나님이 죄를 알지도 못하신 이를 우리를 대신하여 죄로 삼으신 것은 우리로 하여금 그 안에서 하나님의 의가 되게 하려 하심이라" 고후 5:21

우리가 지금까지 해 온 모든 것들은 하나의 결말로 향하는데, 그것은 사람으로 하여금 그리스도 안에서 하나님의 의가 되게 하려는 것입니다.

의가 의미하는 것이 무엇입니까? 그것은 마치 죄를 지은 적이 없는 것처럼, 즉 아담이 죄 짓기 전에 그랬던 것처럼 자유롭게 아버지의 임재 앞에 설 수 있는 능력입니다.

"그러므로 아들이 너희를 자유롭게 하면 너희가 참으로(또는 실제적으로) 자유로우리라" 요 8:36

새로운 창조 안에서 그 아들은 우리를 자유롭게 하셨습니다.

"그러므로 이제 그리스도 예수 안에 있는 자에게는 결코 정죄함이 없나니" 롬 8:1

우리는 새로운 피조물입니다. 우리는 그리스도 안에서 하나님의 의입니다. 우리는 하나님 자녀의 자리에 앉게 되었습니다.

교회가 알아온 유일한 의라고는, 가치 없는 사람이 의롭게 되는 칼뱅주의적인 형태의 의뿐이었습니다.

바울이 표현한 새로운 종류의 의는 하나님께서 그분 자신의 본성을 사람에게 전이하셔서 선하게 만드신 의인의 의입니다.

의인은 믿음으로 말미암아 살리라고 말씀하셨을 때, 그분은 그분 자신의 본성으로 의롭게 만드신 새로운 피조물을 설명하신 것입니다.

이것은 법적으로 의롭다고 하는 것도, 의롭다고 간주되는 것도 아닌, 하나님 자신의 의로운 본성을 실제로 전이하신 것입니다.

제 8 장

회복된 의

보편적으로 퍼져 있는 죄의식은 지구상의 모든 종교의 모체입니다.

사람은 죄책감과 죄의식을 없애는 방법을 찾아왔습니다. 죄의식은 인간의 타락에서 시작되었습니다. 그것은 하나님을 만나기를 두려워하며 벌거벗음을 감추고 싶어 하던 아담의 모습에서 분명히 나타납니다.

하나님의 계시와 그 계시의 발전은 사람의 의를 회복시키는 하나의 종착점으로 향합니다.

이런 관점에서 의는 죄의식이나 죄책감이나 열등감 없이 하나님 앞에 설 수 있는 능력을 의미합니다. 또한 아들로서의 합법적인 관계와 아버지 하나님과의 교제를 포함합니다.

아담은 죄를 범하자마자 여호와와의 교제와 그분께 나아갈 능력을 상실했습니다.

이러한 죄의식은 사람으로부터 믿음을 강탈하고 오늘날 인간의 의식을 지배하고 있는 무가치하다는 의식을 그에게 채워 넣었습니다.

이제 문제는 이것입니다. 이러한 죄의식을 없애버리고, 지금 사람으로 하여금 하나님의 임재 앞에 나오도록 허락해서 예수님과 마찬가지로 그곳에 서게 하는 속량redemption을 하나님께서 주셨습니까?

만약 하나님께서 그렇게 하실 수 있었다면 믿음은 회복됩니다. 이는 믿음의 가장 큰 적이 무가치하다는 의식이기 때문입니다.

신학은 속량 계획을 그리스도를 영접한 사람들의 생각에서 죄의식을 제거하는 방식으로 해석하지 못했습니다.

사실, 대부분의 정통주의라고 분류되는 목사들은 의 대신 죄를 계속 설교해왔고, 회중들을 믿음이 작용할 수 있는 자유함 안으로 인도하기보다는 정죄함 아래에 있도록 해왔습니다.

나는 그리스도인으로 하여금 자신에게 의가 회복되었다는 사실을 알게 하는 것이 진짜 믿음의 기초라는 사실을 알게 되었습니다.

욥기 33:26에 매우 인상적인 예언이 있습니다. 그것은 새로운 탄생에 대한 묘사입니다.

한 구절만 보겠습니다. "그는 하나님께 기도하므로 하나님이 은혜를 베푸사 그로 말미암아 기뻐 외치며 하나님의 얼굴을 보게 하시고 사람에게 그의 공의를 회복시키시느니라"

여기에 세 가지 사실이 있습니다.

첫째, 사람이 기도하면 하나님께서 그의 기도를 들으십니다.

둘째, 그는 그분의 얼굴을 즐거이 봅니다. 즉 교제가 회복된 것입니다.

셋째, 그분은 사람에게 그 의를 회복시키십니다.

이 세 가지 사실 안에서 우리는 온전한 속량의 결과를 갖습니다.

나는 다른 장에서, 하나님께서 그리스도 안에서 이 완전하고 하나님 보시기에 만족스러운 의를 우리에게 회복시킬 때까지 여러 시대를 거쳐 사람에게 주어져 온 의의 다른 유형에 대해 보여줄 것입니다.

로마서는 하나님께서 예수 그리스도에 대한 믿음에 근거하여 어떻게 우리에게 의를 회복시키셨는가에 관한 이야기입니다. 이것은 인류의 위대한 걸작 드라마입니다.

로마서 1:16-17에서 바울은 "내가 복음을 부끄러워하지 아니하노니 이 복음은 모든 믿는 자에게 구원을 주시는 하나님의 능력이 됨이라 먼저는 유대인에게요 그리고 헬라인에게로다 복음에는 하나님의 의가 나타나서 믿음으로 믿음에 이르게 하나니 기록된 바 오직 의인은 믿음으로 말미암아 살리라 함과 같으니라"고 선포했습니다.

여기서 나타난 의는 신자가 그리스도 안에서 받는 의입니다.

로마서 3:18까지 처음 세 장에서, 하나님께서는 하나님 앞에 서게 해 주는 의에 도달하는 데에 어떻게 유대인과 이방인 모두가 철저히 실패해왔는지 우리에게 보여주십니다.

하나님께서는 로마서 3:9-18의 논의를 사람에 대한 장중한 기소에 담긴 14개의 고발로 결론지으십니다.

첫째 고발에서, 하나님은 "의인은 없나니 하나도 없으며"롬 3:10 라고 말씀하십니다.

그리스도 밖에 있는 자는 누구도 하나님 앞에 설 수 없습니다.

이 14개의 고발은 그리스도인이 아닌 거듭나지 않은 사람들을 향한 것입니다.

19절과 20절에서 하나님께서는 이 고발들을 요약하면서, 하나님 앞에서 의롭다 하심을 얻는 것에 대해 이방인들은 율법 없이 실패했고 유대인들은 율법 아래서 실패했다는 사실을 보여주십니다.

그리고 나서 로마서 3:21-26에서 우리는 어떻게 합법적인 기반 위에서 이러한 의가 사람에게 회복되는지에 대한 하나님의 성명을 볼 수 있습니다.

"이제는 율법 외에 하나님의 한 의가 나타났으니 율법과 선지자들에게 증거를 받은 것이라"롬 3:21 다른 번역에는 "의가 빛으로 나아왔으니"라고 되어있습니다.

"율법 외에apart from the Law"라는 표현을 주목해보셨습니까?

율법과는 상관없는 하나님의 의가 나타났는데, 율법은 선지자들과 마찬가지로 그 유효성을 증거합니다.

"곧 예수 그리스도를 믿음으로 말미암아 모든 믿는 자에게 미치는 하나님의 의['한a' 의가 아니라, '유일한the' 의]니 차별이 없느니라 모든 사람이 죄를 범하였으매 하나님의 영광에 이르지 못하더니 그리스도 예수 안에 있는 속량으로 말미암아 하나님의 은혜로 값 없이 의롭다 하심을 얻은 자 되었느니라"롬 3:22-24

"곧 이 때에 자기의 의로우심을 나타내사 자기도 의로우시며 또한 예수 믿는 자를 의롭다 하려 하심이라"롬 3:26

하나님께서는 그리스도 예수 안에 있는 속량을 계획하셨기 때문에 예수님을 믿는 사람의 의가 되시는 것을 두려워하지 않으십니다.

그것은 그분 자신의 아들과 그 아들이 사람을 위해 하신 일에 대한 믿음입니다.

하나님께서는 새로운 피조물의 의가 되시는 것을 부끄러워하지 않으십니다. 만약 우리를 자유롭게 하고 우리의 오래된 주인인 죄의식 위로 우리를 높이 들어 올릴 수 있는 어떤 것이 있다면, 그것은 바로 이 사실입니다.

고린도전서 1:30에서 예수님은 우리의 의가 되신다고 선포되었습니다.

"너희는 하나님으로부터 나서 그리스도 예수 안에 있고 예수는 하나님으로부터 나와서 우리에게 지혜와 의로움과 거룩함과 구원함(속량)이 되셨으니"

여기서 하나님께서는 예수님이 우리의 의라고 선언하십니다.

그리고 고린도후서 5:21에서 하나님은 새로운 탄생으로 말미암아 우리를 그리스도 안에서 그분의 의가 되게 하십니다.

영생을 받고 말씀을 먹고 자라날 기회가 그의 영에 주어진 사람은 누구도 아버지 앞에 서 있는 자신의 위치에 대해 항의할 수 없습니다.

그가 요즘 다시 죄에 대해 가르치는 설교를 듣고 움츠러들어서 스스로를 실패와 죄의 지배를 받는 사람으로 여기는 일은 결코 없을 것입니다.

그는 지배자입니다. 그는 은혜의 보좌 앞에서 예수님께서 가지시는 만큼의 권리를 가지고 있습니다. 아버지께서 그분의 보좌에 앉으실 권리를 가지신 만큼이나, 그도 아버지의 임재 앞에서 권리를 가지고 있습니다.

왜 그럴까요? 왜냐하면 아버지 자신께서 속량을 계획하셨고, 그분의 아들을 통해 속량을 이루셨으며, 예수 그리스도 안에서 그분 자신의 의로 믿는 자를 의롭게 하심으로 그 속량 사역에 인을 치셨기 때문입니다.

제 9 장

바울 서신의 재발견

서신서에 대한 새로운 관심들이 있습니다.

바울 서신은 베일이 벗겨진 속량의 두 부분, 즉 그 강력한 계획의 법적인 면과 실제적인 면에 대한 계시입니다.

서신서들은 욥기 33:26의 질문에 답을 줍니다. "사람에게 그의 공의를 회복시키시느니라"

의의 회복

그것은 합법적인 회복입니다.

바울의 계시에서 보는 바와 같이 의의 정의는 죄책감이나 열등감 없이 하나님의 임재 앞에 설 수 있는 능력입니다.

이러한 서신서들의 가장 중요한 주제는 율법 아래의 옛 의에 대조되는 새로운 의입니다. 하나는 행위로 말미암고, 다른 하나는 은혜로 말미암습니다. 하나는 제한된 의이고, 다른 하나는 제한없는 의입니다. 하나는 사람에게 종의 위치에 서게 하고, 다른 하나는 사람에게 아들의 위치를 부여합니다.

이 새로운 종류의 의는 "만세와 만대로부터 감취였던 비밀"이었습니다.골 1:26 하나님께서는 이 의를 바울을 통해 사람에게 계시하셨습니다. 그것은 합법적인 기반에 근거한 새로운 종류의 교제에 대한 계시입니다.

사람은 에덴동산에서 가졌던 교제를 잃어버렸습니다. 그리고 그 교제는 회복된 적이 없습니다.

교제는 사람을 향한 하나님의 꿈의 최종 목적입니다.

"너희를 불러 그의 아들 예수 그리스도 우리 주와 더불어 교제하게 하시는 하나님은 미쁘시도다"고전 1:9

우리의 교제는 아버지와의 교제이며 아들과의 교제입니다.

새로운 종류의 사랑

그것은 새로운 종류의 사랑에 관한 계시입니다.

자연인의 사랑은 실패해왔습니다. 그것은 인류의 비극입니다. 사랑은 자연인이 가진 가장 좋은 것이지만, 그 사랑은 질투, 사무치는 증오, 때로는 살인으로 변질됩니다.

새로운 종류의 사랑은 결코 이기적이거나 자기 유익을 구하는 법이 없습니다. 그것은 사랑이신 하나님 아버지의 심령으로부터 나오는 것입니다.

새로운 종류의 사랑은 인간에게 주어진 것들 중 가장 위대한 것입니다. 그것이 인간 문제의 해결책입니다.

그것은 단지 강력한 것들에 관한 계시일 뿐 아니라, 또한 새로운 종류의 생명에 관한 계시이기도 합니다.

예수님께서 말씀하시기를 "내가 온 것은 양으로 생명을 얻게 하려는 것이라"요 10:10고 하셨습니다.

새로운 창조는 하나님의 본성과 생명을 받는 것입니다. 그것은 사람을 하나님의 아들이 되게 하고, 사람이 그리스도와 하나 되게 하며, 아버지와 하나 되게 합니다. 그것이 기독교의 두드러진 점인데, 역사상 가장 위대한 기적입니다.

새로운 언약

그것은 언약에 관한 계시입니다.

옛 언약은 제물들과 희생 제사들, 그리고 율법과 함께 성취되어 파기되었습니다.

예수 그리스도의 희생으로 새로운 언약이 세워졌습니다. 그분이 대제사장이 되셨고 우리는 이 언약의 제사장들이 되었습니다.

새 언약은 신자를 그리스도께 묶고 그리스도를 신자에게 묶는 언약인데, 예수님께서 몸소 담보가 되신 언약입니다.

그것은 새로운 지혜의 출현입니다.

그리스도께서 우리의 지혜가 되셨습니다. 그것은 하늘로부터 내려온 지혜입니다.

하늘로부터 내려온 이 지혜는 계시 지식revelation knowledge을 이해하는 능력입니다.

지혜는 인간의 영의 열매입니다. 새로운 종류의 지혜는 재창조되어 안에 거하게 된 인간의 영의 열매입니다.

그것은 사랑과 말씀의 주 되심에 관한 계시일 뿐 아니라, 예수님의 주 되심에 대한 계시이기도 합니다.

이들은 모두 실제적으로는 같은 것을 의미합니다.

그것은 새로운 종류의 믿음, 믿음의 걸음, 믿음의 삶에 관한 계시입니다.

기독교는 "그 믿음The Faith"이라고 불립니다.

그것은 그리스도께서 아버지의 우편에서 현재 하고 계시는 사역에 관한 계시입니다.

그것은 그리스도의 몸으로서 교회에 관한 계시입니다.

그것은 십자가에서 보좌에 이르기까지 그리스도께서 하신 일에 대한 계시입니다.

신자를 위해 하나님 우편에서 그분께서 하고 계시는 현재 사역에 관한 계시입니다.

제 10 장

하나님에 관한 옳은 개념

 죄의식은 우리에게 하나님과 새로운 피조물에 대한 틀린 그림을 가져다주었습니다.

 그것은 우리로 하여금 하나님을 우리 안의 죄를 발견하여 우리를 정죄하시려고 늘 깨어 감시하시는 거룩하고, 공정하며, 엄하고, 감히 다가갈 수 없는 존재로 보도록 만들어 왔습니다.

 이런 개념은 우리로 하여금 두려워하게 만들었고 그분에게서 뒷걸음치도록 만들었습니다.

 그 개념은 틀린 것입니다. 그분은 하나님 '아버지' 이십니다.

 요한복음 14:23은 그분이 우리와 함께 거할 집을 마련할 것이라고 말씀합니다.

 "예수께서 대답하여 이르시되 사람이 나를 사랑하면 내 말을 지키리니 내 아버지께서 그를 사랑하실 것이요 우리가 그에게 가서 거처를 그와 함께 하리라" 요 14:23

"아버지께서 친히 너희를 사랑하심이라" 요 16:27

"아버지께서 나를 보내신 것과 또 나를 사랑하심 같이 그들도 사랑하신 것을 세상으로 알게 하려 함이로소이다" 요 17:23

이것은 아버지 하나님에 대한 현대 신학의 관점을 완전히 거부하는 것입니다.

우리가 그분을 우리와 교제하며 함께 살기를 간절히 바라시는 애정깊고 온화한 아버지로 알게 될 때 전체 그림이 바뀌게 됩니다.

관계에 대한 가르침은 어디에도 없었습니다.

우리는 우리 자신을 하나님의 아들과 딸로 생각한 적이 없습니다.

이러한 주제로 지어진 대부분의 찬송들은 우리가 하나님의 가족으로 입양되었다고 이야기합니다.

우리는 입양된 아이는 친자가 아니며 또 절대 그렇게 될 수 없다고 알고 있습니다.

하나님의 자녀는 하나님의 영으로 재창조되고 다시 태어날 뿐만 아니라, 합법적으로 입양됩니다.

"너희는 다시 무서워하는 종의 영을 받지 아니하고 양자의 영을 받았으므로 우리가 아빠 아버지라고 부르짖느니라" 롬 8:15

하나님의 자녀는 아버지 하나님과 법적인 면에서, 그리고 실제적인 면에서 이중적인 관계를 갖습니다.

새로운 피조물의 실재가 뚜렷이 드러난 적이 한 번도 없습니다.

말씀은 우리가 새로운 피조물이며, "타락한 본성"과 관련된 옛 것들은 사라져버렸다고 선언합니다. 의심과 두려움 그리고 질병과 결핍에 대한 속박인 옛 것들은 이미 사라져버렸습니다.

"만일 우리가 그의 죽으심과 같은 모양으로 연합한 자가 되었으면 또한 그의 부활과 같은 모양으로 연합한 자도 되리라 우리가 알거니와 우리의 옛 사람이 예수와 함께 십자가에 못 박힌 것은 죄의 몸이 죽어 다시는 우리가 죄에게 종 노릇 하지 아니하려 함이니 이는 죽은 자가 죄에서 벗어나 의롭다 하심을 얻었음이라 만일 우리가 그리스도와 함께 죽었으면 또한 그와 함께 살 줄을 믿노니 이는 그리스도께서 죽은 자 가운데서 살아나셨으매 다시 죽지 아니하시고 사망이 다시 그를 주장하지 못할 줄을 앎이로라 그가 죽으심은 죄에 대하여 단번에 죽으심이요 그가 살아 계심은 하나님께 대하여 살아 계심이니 이와 같이 너희도 너희 자신을 죄에 대하여는 죽은 자요 그리스도 예수 안에서 하나님께 대하여는 살아 있는 자로 여길지어다"롬 6:5-11

새로운 피조물은 그리스도 안에서 온전하고, 완벽하게 돌봄을 받으며, 완벽하게 사랑받습니다.

고린도후서 5:21과 같은 위대한 구절들을 앞에 펼쳐놓고, 우리는 연약함과 죄의식의 모든 생각을 거절하며 그리스도 안에서의 우리 위치로 올라가서 우리의 자유함을 선포해야 합니다.

"하나님이 죄를 알지도 못하신 이를 우리를 대신하여 죄로 삼으신 것은 우리로 하여금 그 안에서 하나님의 의가 되게 하려 하심이라"고후 5:21

우리는 그분 안에서 하나님의 의가 되었지만, 왕처럼 다스려야 할 때 노예처럼 살고 있었습니다. 우리가 하나님의 임재 앞에 설 만한 가치가 없다고 대적이 고함칠 때, 우리는 싸워보지도 않고 굴복하였습니다.

우리가 우리의 연약함을 고백할 때마다, 우리는 그리스도께서 다 이루신 일을 부인하는 것이며 그리스도 안에서의 우리의 위치와 신분을 과소평가하는 것입니다.

"내게 능력 주시는 자 안에서 내가 모든 것을 할 수 있느니라"
빌 4:13

우리의 생각은 새로운 피조물, 사탄의 지배로부터의 속량, 죄로부터의 해방의 증거들로 가득 채워져야 합니다.

우리는 오직 말씀을 통해서만 이렇게 될 수 있습니다.

이 책에 있는 성경 구절들이 그 문제를 완전히 해결합니다.

우리가 그리스도 안에서 어떤 존재인지를 아는 순간, 죄의 문제는 더 이상 문제가 되지 않습니다.

믿음은 그리스도 안에 있는 자신의 권리와 특권과 신분을 모르는 사람들에게만 문제가 됩니다.

히브리서 1:3-4은 그리스도께서 위대한 대속을 이루셨을 때, 그분이 높은 곳에 계시는 위엄의 우편에 앉으셨다고 말씀합니다.

"이는 하나님의 영광의 광채시요 그 본체의 형상이시라 그의 능력의 말씀으로 만물을 붙드시며 죄를 정결하게 하는 일을 하시고 높은 곳에 계신 지극히 크신 이의 우편에 앉으셨느니라 그가

천사보다 훨씬 뛰어남은 그들보다 더욱 아름다운 이름을 기업으로 얻으심이니" 히 1:3-4

그분을 믿는 모든 자들이 새로운 피조물이 되고, 그들에게 완벽한 교제가 회복되며, 아버지 앞에서의 그들의 완벽한 위치가 회복되는 것을 가능하게 하지 않고서는, 그분은 아버지로부터 받아들여지고 아버지의 우편에 앉으실 수가 없었던 것입니다.

히브리서 9:11-12은 그리스도께서 그분의 피를 가지고 하늘의 지성소에 들어가셔서 영원한 속량을 이루셨다고 말씀합니다.

"그리스도께서는 장래 좋은 일의 대제사장으로 오사 손으로 짓지 아니한 것 곧 이 창조에 속하지 아니한 더 크고 온전한 장막으로 말미암아 염소와 송아지의 피로 하지 아니하고 오직 자기의 피로 영원한 속량을 이루사 단번에 성소에 들어가셨느니라" 히 9:11-12

만약 이것이 이루어졌다면, 우리의 속량은 완전하고 완성된 것입니다.

하나님께서 그렇다고 선언하셨습니다.

우리에 대한 사탄의 지배는 깨어졌습니다.

히브리서 9:24-26은 그분께서 자신의 희생으로 말미암아 죄를 없애신 후에 우리를 위하여 하나님의 임재 앞에 계시다고 말씀하고 있습니다.

"그러므로 자기를 힘입어 하나님께 나아가는 자들을 온전히 구원하실 수 있으니 이는 그가 항상 살아 계셔서 그들을 위하여 간구하심이라" 히 7:25

"구원하다"라는 단어는 "치유하다"를 의미하기도 합니다.

그분의 생각 안에는 불치병자란 없습니다.

그분은 그분 자신이 죄를 위해 한 번 영원히 희생하심으로 그분을 구원자로 영접한 자가 하나님의 자녀가 된다고 선언하심으로써, 그 모든 것(속량)이 절정에 이르게 하십니다.

그분의 자녀로서 사람은 그리스도 안에서 하나님의 의가 됩니다.

이제 우리는 우리의 말을 들으시는 아버지가 있다는 평온한 확신 가운데, 그분께 언제 어디서든 나아갈 수 있습니다.

믿음은 이제 더 이상 문제가 아닙니다. 죄는 이제 더 이상 문제가 아닙니다.

의는 더 이상 문제가 아닙니다. 아들 됨은 더 이상 문제가 아닙니다.

우리는 이제 그리스도 안에 있고, 새로운 피조물이며, 하나님의 자녀입니다.

"사랑하는 자들아 우리가 지금은 하나님의 자녀라" 요일 3:2

우리는 문제아가 아닙니다. 우리는 그분의 능력을 부여받은 아버지의 사랑받는 자녀입니다.

제 11 장

의를 통한 교제

"너희를 불러 그의 아들 예수 그리스도 우리 주와 더불어 교제하게 하시는 하나님은 미쁘시도다" 고전 1:9

만약 우리가 의롭지 못한데도, 아버지께서 우리를 그분의 아들의 교제 가운데로 부르셨을 것이라고 생각하십니까?

만약 우리가 의롭지 못한데도, 사도 요한이 성령님의 지시로 요한일서 1:1-4을 기록할 수 있었다고 생각하십니까?

"태초부터 있는(성육신을 의미합니다) 생명의 말씀에 관하여는 우리가 들은 바요 눈으로 본 바요 자세히 보고 우리의 손으로 만진 바라 이 생명이 나타내신 바 된지라 이 영원한 생명을 우리가 보았고 증언하여 너희에게 전하노니 이는 아버지와 함께 계시다가 우리에게 나타내신 바 된 이시니라" 요일 1:1-2

그 영원한 생명이 예수님이셨습니다. 이제 우리는 그 의미를 알고 있습니다.

"아들이 있는 자에게는 생명이 있고"요일 5:12

예수님은 나타내신바 된 영원한 생명입니다.

다음 두 구절을 주의하여 보시기 바랍니다. "우리가 보고 들은 바를 너희에게도 전함은"요일 1:3 전반절

이유가 무엇입니까?

"너희로 우리와 사귐이 있게 하려 함이니 우리의 사귐은 아버지와 그의 아들 예수 그리스도와 더불어 누림이라"요일 1:3 후반절

우리를 단지 그의 아들과의 교제로만 부르신 것이 아니라, 아버지와의 교제로도 부르신 것입니다.

"사귐fellowship"이라는 그리스어는 다른 곳에서는 "친교communion;참여함"라고도 번역되었습니다.

친교와 사귐은 똑같은 것입니다. 그것은 지극히 행복한 조화를 의미합니다. 그것은 우리의 영과 성령님이 말씀을 통해 완벽한 조화와 일치를 이룬다는 뜻입니다.

이제 우리는 아들의 위치를 맡고 있습니다. 우리는 주인 대신 그분의 짐을 담당하고 있습니다. 우리는 그분과 교제하고 있습니다. 우리는 그분의 짐을 이어받고 있습니다.

우리의 교제는 다면적인 것입니다. 우리는 아버지와 교제합니다. 우리는 그 아들과 교제합니다. 우리는 성령님과 교제합니다. 우리는 말씀과 교제합니다. 그리고 우리는 또한 우리 서로 교제합니다.

가장 필수적이고 우리에게 가장 큰 의미를 갖는 것은 말씀과의 교제입니다.

우리는 먹으면서 살아가도록 아버지의 마음으로부터 나온 계시를 가지고 있습니다.

"예수께서 대답하여 이르시되 기록되었으되 사람이 떡으로만 살 것이 아니요 하나님의 입으로부터 나오는 모든 말씀으로 살 것이라 하였느니라 하시니"마 4:4

보이지 않는 그분의 임재와 능력을 우리 삶에서 사람들이 느끼게 될 때까지 우리는 매일 말씀을 먹고 묵상합니다.

우리는 삶의 문제들을 두려움 없이 맞섭니다.

"또 우리 형제들이 어린 양의 피와 자기들이 증언하는 말씀으로써 그를 이겼으니"계 12:11

말씀은 여기서 로고스Logos입니다. 그것은 예수님입니다.

그들은 그들의 입에 있는 말씀으로 그를 이겼습니다.

깨어진 교제

요한일서 1:6-7은 "만일 우리가 하나님과 사귐이 있다 하고 어둠에 행하면 거짓말을 하고 진리를 행하지 아니함이거니와 그가 빛 가운데 계신 것 같이 우리도 빛 가운데 행하면 우리가 서로 사귐이 있고 그 아들 예수의 피가 우리를 모든 죄에서 깨끗하게 하실 것이요"라고 말합니다.

교회가 세상에서 가장 아름다운 곳이 되게 하는 것은 건물이 아닙니다. 그것은 서로의 교제 안에 그리고 주 예수님과의 교제 안에 있는 사람들입니다.

우리가 형제를 향해 죄를 짓는 그 순간, 우리는 그분과의 교제를 깨뜨리는 것입니다. 우리가 그분과의 교제를 깨뜨릴 때 우리는 어둠 안으로 들어가게 되고, 우리의 죄를 고백할 때까지는 그 어둠에서 나올 길이 없습니다.

"만일 우리가 우리 죄를 자백하면 그는 미쁘시고 의로우사 우리 죄를 사하시며 우리를 모든 불의에서 깨끗하게 하실 것이요" 요일 1:9

우리가 우리의 죄를 아버지께 자백할 때 그분은 미쁘시고 의로우셔서 우리를 용서하십니다.

만약 어떤 사람이 "나는 아버지와 사귐이 없습니다. 어찌됐건 내가 그것을 잃어버리긴 했지만 죄를 범하지는 않았습니다."라고 말한다면, 그 사람은 몰라서 그러는 것이거나 아니면 거짓말을 하는 것입니다. 왜냐하면 아버지께서는 우리가 죄를 짓지 않는 한 그분과의 교제를 철회하지 않으시기 때문입니다.

"만일 우리가 죄가 없다고 말하면 스스로 속이고 또 진리가 우리 속에 있지 아니할 것이요" 요일 1:8

이것은 깨어진 교제를 가리킵니다.

누구도 깨어진 교제 안에 머무를 필요가 없습니다. 요한일서 1:9에 근거하여 죄를 자백하면, 그에게 의가 회복됩니다.

자연인이 할 수 있는 인간의 어떤 종교도, 어떤 철학도, 어떤 노력도, 그에게 아버지와의 교제를 제공하거나 죄의식 없이 아버지의 임재 앞에 설 수 있게 해 주는 의를 제공하는 일은 결코 없습니다.

다른 말로 하면, 그가 새로운 피조물이 되기 전까지는, 그리스도 안에서 하나님의 의가 되기 전까지는 어느 누구도 아버지와 교제를 갖거나 죄의식으로부터 자유로워질 수 없습니다. 그러나 사람이 거듭나는 순간, 그는 그리스도 안에서 하나님의 의가 됩니다.

그런 후에야 아버지와 교제를 갖게 되는 것입니다. 그는 마치 전에 죄를 지은 적이 없는 것처럼 아버지의 임재 앞에 설 수 있습니다.

의를 소유한 그분의 몸 된 교회

"곧 창세 전에 그리스도 안에서 우리를 택하사 우리로 사랑 안에서 그 앞에 거룩하고 흠이 없게 하시려고" 엡 1:4

이것은 그분께서 우리가 현재의 삶에서 그분 앞에 거룩하고 흠이 없게 하시려고 계획하셨다는 하나님의 선언입니다. 이것은 우리가 죽은 후에 그렇게 되는 것이 아니라 오늘 그러합니다.

우리 삶의 그러한 거룩함과 아름다움은 은혜로 말미암은 것이지, 우리 자신으로 말미암은 것이 아닙니다. 우리가 하는 일은 단지 그것을 받아 기쁨으로 취하는 것뿐입니다.

에베소서 5:25은 그리스도와 교회에 대해 결혼으로 예를 들어 설명하고 있습니다. "남편들아 아내 사랑하기를 그리스도께서 교회를 사랑하시고 그 교회를 위하여 자신을 주심 같이 하라 이는 곧 물로 씻어 말씀으로 깨끗하게 하사 거룩하게 하시고 자기 앞에 영광스러운 교회로 세우사 티나 주름 잡힌 것이나 이런 것들이 없이 거룩하고 흠이 없게 하려 하심이라"엡 5:25-27

말씀은 교회가 천국에 간 후에 이기는 자가 된다고 하지 않고, 지금 이기는 자라고 말합니다.

거룩해지는 것은 천국에 간 후가 아니라 지금입니다.

물로 씻어 말씀으로 깨끗하게 되는 것은 천국에 간 후가 아니라 지금입니다.

말씀은 지식을 가져다줍니다.

성경에 대한 교회의 무지함은 오싹하기까지 한데, 이는 문자적인 설교textual preaching 때문입니다.

말씀에 대한 해설exposition은 사람들을 영적이게 만듭니다. 그것은 사람들이 스스로 말씀을 공부하도록 말씀에 대한 갈급함을 갖게 합니다.

"티나 주름잡힌 것"이 없는 이러한 교회는 하나님의 말씀으로 깨끗이 씻긴 교회입니다.

기도로 씻기는 것이 아니라, 오직 말씀으로만 씻기는 것입니다. 말씀을 사용하여 우리 안에 그리스도의 생명을 세우시는 분은 성령님이십니다.

골로새서 1:21-22은 우리에게 교회의 또 다른 그림을 보여줍니다.

"전에 악한 행실로 멀리 떠나 마음으로 원수가 되었던 너희를 이제는 그의 육체의 죽음으로 말미암아 화목하게 하사 너희를 거룩하고 흠 없고 책망할 것이 없는 자로 그 앞에 세우고자 하셨으니"

이것은 재창조된 몸의 아름다운 그림입니다. 화목하게 되고 거룩하며 흠이 없고 책망할 것 없는, 아버지 앞에 선, 그리스도로 옷 입었을 뿐 아니라 실제로 그분의 의에 참여한 자가 된 몸(교회)입니다. 이것이 그리스도 안에서 우리가 현재 행하는 모습입니다.

"오직 너희의 심령이 새롭게 되어 하나님을 따라 의와 진리의 거룩함으로 지으심을 받은 새 사람을 입으라" 엡 4:23-24

새로운 피조물은 의로부터 창조되는 것입니다.

의는 아버지 하나님의 본성입니다. 우리는 그러한 의, 즉 하나님의 본성에 참여해왔습니다.

우리는 매일의 삶 속에서 새 사람의 행위를 입어야 합니다. 우리는 더 이상 옛 사람처럼 말해서는 안 됩니다. 옛 사람은 실패와 이기심과 탐욕과 두려움 가운데 살았습니다.

새 사람은 사랑의 충만함 가운데 삽니다. 그는 예수님처럼 천국과 천국의 사랑스런 영에 의해 지배를 받는 사람입니다.

옛 피조물과 새로운 피조물은 하나님과 사탄처럼 전혀 다른 것입니다.

"양들의 큰 목자이신 우리 주 예수를 영원한 언약의 피로 죽은 자 가운데서 이끌어 내신 평강의 하나님이 모든 선한 일에 너희를 온전하게 하사 자기 뜻을 행하게 하시고 그 앞에 즐거운 것을 예수 그리스도로 말미암아 우리 가운데서 이루시기를 원하노라 영광이 그에게 세세무궁토록 있을지어다 아멘" 히 13:20-21

"모든 선한 일에 우리를 온전하게 하사 자기 뜻을 행하게 하시는" 것이 부활하신 그리스도의 목적입니다.

그분 자신의 선한 즐거움에 따라 우리 가운데 역사하셔서 아버지 앞에 우리를 아름답게 보이도록 하는 것이 그분의 일입니다.

빌립보서 1:6은 우리로 한 발짝 더 나아가도록 해줍니다.

"너희 안에서 착한 일을 시작하신 이가 그리스도 예수의 날까지 이루실 줄을 우리는 확신하노라"

그분은 선한 일을 시작하셨습니다. 새로운 탄생에서 그 일을 시작하셨습니다. 이제 그분은 예수님의 것들을 취하여 우리 안에 그것들을 세우고 계십니다.

바로 그 그리스도의 생명이 우리 안에 세워지고 있습니다. 그것은 우리가 말씀 안에서 살아가고, 말씀이 우리의 매일의 삶을 지배함으로 이루어집니다.

우리의 말들이 사랑 안에 흠뻑 젖을 때까지, 우리의 온 영이 해결책인 아버지의 사랑의 본성 안에 붙들릴 때까지 그 사랑의 본성이 우리 안에서 지배해야 합니다.

빌립보서 2:13은 영광스런 실재가 됩니다.

"너희 안에서 행하시는 이는 하나님이시니 자기의 기쁘신 뜻을 위하여 너희에게 소원을 두고 행하게 하시나니"

우리 안에서 그분 자신을 재생산 하시는 분은 하나님이십니다. 우리는 사랑 안에서 살고 행하며 말해야 합니다.

베드로전서 5:10은 우리 심령에 대한 또 다른 달콤한 메시지를 가지고 있습니다.

"모든 은혜의 하나님 곧 그리스도 안에서 너희를 부르사 자기의 영원한 영광에 들어가게 하신 이가 잠깐 고난을 당한 너희를 친히 온전하게 하시며 굳건하게 하시며 강하게 하시며 터를 견고하게 하시리라"

우리는 힘든 곳을 지날 수도 있습니다. 고난을 받을 수도 있습니다.

이생에서 우리에게 많은 행복happiness이 있지 않을 수도 있지만, 기쁨joy은 있을 수 있습니다.

행복은 우리의 환경으로부터 오지만, 기쁨은 우리의 재창조된 심령hearts으로부터 오기 때문입니다.

우리는 그분을 우리의 심령에 모시고 있습니다. 우리의 삶이 예수님의 삶처럼 변할 때까지 그분이 우리를 강하게 하시며 견고하게 하실 것입니다.

"그러므로 사랑을 받는 자녀 같이 너희는 하나님을 본받는 자가 되고"엡 5:1

우리가 하나님을 본받기 위해서는 무엇을 해야 할까요?

우리는 사랑해야 할 것입니다.

"그리스도께서 너희를 사랑하신 것 같이 너희도 사랑 가운데서 행하라 그는 우리를 위하여 자신을 버리사 향기로운 제물과 희생제물로 하나님께 드리셨느니라" 엡 5:2

우리는 세상을 향해 우리 자신을 향기로운 사랑의 제물로 드려야 합니다. 세상 사람들이 우리를 비판하고 미워할지라도 우리는 그들을 사랑합니다.

우리는 그들에게 사랑으로 행합니다. 그분이 사랑하시는 것처럼 우리가 사랑할 때까지는, 우리가 그분을 대표하는 것이 아닙니다.

그분은 결코 말대꾸하지 않으십니다. 그분은 결코 불친절한 말을 하지 않으십니다. 그분은 결코 비판하지 않으십니다. 그분은 결코 험담을 퍼뜨리지 않으십니다. 그분은 사랑의 말을 하십니다. 그분은 사람들을 도우십니다. 그분은 아름다운 말을 하십니다.

이렇게 사랑 가운데 행하는 것은 세상에서 가장 아름다운 것입니다. 하나님은 사랑이십니다. 우리는 사랑으로부터 태어났습니다. 사랑이 우리 삶의 규칙이자 법입니다. 사랑이 우리 삶의 힘입니다. 사랑이 우리 삶의 진정한 아름다움입니다. 우리는 그분께서 행하신 대로 행합니다.

이것이 우리 안에 있는 하나님의 의입니다. 그것이 그리스도 안에 있는 우리의 실제 삶입니다.

"이로써 사랑이 우리에게 온전히 이루어진 것은 우리로 심판 날에 담대함을 가지게 하려 함이니 주께서 그러하심과 같이 우리도 이 세상에서 그러하니라" 요일 4:17

그분께서 저 위에 계신 것처럼 우리는 이 세상에 있습니다.

"사랑 안에 두려움이 없고 온전한 사랑이 두려움을 내쫓나니"
요일 4:18

사랑 안에는 두려움이 없습니다. 우리는 사랑 안에 살고 있습니다. 우리는 사랑을 믿게 되었습니다.

우리는 그분이 사랑이시라는 것을 알고 있습니다. 우리는 우리가 사랑 안에 거하고 있다는 것을 알고 있습니다. 우리는 사랑이 우리 안에 거하고 있다는 것을 알고 있습니다.

이것이 믿음의 비밀입니다.

바울과 요한에게 일어난 이 계시는 우리 아버지께서 그분의 앨범에 가지고 계신 우리의 사진들입니다.

우리는 그분 안에서 우리 자신이 온전해진 것을 발견하고 있습니다.

"그 안에는 신성의 모든 충만이 육체로 거하시고 너희도 그 안에서 충만하여졌으니 그는 모든 통치자와 권세의 머리시라" 골 2:9-10

우리는 아버지께 그렇게 보입니다. 사랑은 예수님을 보았던 방식대로 우리를 봅니다.

우리는 사랑에 지배받고, 사랑 안에 살며, 사랑이 우리 안에 살게 하고, 새로운 사랑의 피조물로서 보여집니다.

이 모든 것이 가능합니다. 이 모든 것이 우리의 것입니다.

제 12 장

믿음에 의한 의

교회는 말씀이 밝히고 있는 대로 자신의 존재를 제대로 평가하지 않습니다.

우리는 우리가 가치 없고 불의하다고, 연약하고 믿음이 없다고 그토록 오랫동안 배워오는 바람에 그만 그것이 만성질환이 되어 버렸습니다. 우리는 행위의 메시지가 아닐 경우 우리에게 안도감을 주는 어떤 메시지든지 두려움을 가지고 쳐다봅니다.

'만일 우리가 무언가를 희생할 수 있다면, 만일 우리가 충분히 오랫동안 열심히 기도할 수 있다면, 만일 우리가 우리의 죄들을 충분히 자백할 수 있다면, 어떻게든 우리의 영적인 삶을 바로잡을 수 있을 텐데.' 라고 생각합니다.

모두 틀렸습니다.

의는 믿음으로 말미암아 옵니다. 행위로나 회개하거나 울거나 흐느낀다고 해서 얻어지는 것이 아닙니다. 또한 애걸한다고 해서 주어지는 것도 아닙니다.

그것은 오직 믿음으로 말미암아 옵니다.

사람은 늘 행위로 의를 얻으려고 노력했습니다. 만일 우리가 어떤 특정한 양의 시간을 기도함으로 하나님의 의가 될 수 있다고 생각한다면, 우리는 그렇게 할 것입니다.

만일 우리가 어떤 사람이 그가 어릴 적부터 지은 모든 죄들을 고백하고 그로 인한 손해들을 배상함으로써 의를 얻었다는 이야기를 듣는다면, 우리는 그렇게 하기 위해 노력할 것입니다.

의는 그런 식으로 오는 것이 아닙니다.

의는 믿음으로 말미암아 옵니다. 당신의 행위가 아니라 그리스도의 행위에 의해서 얻어집니다. 당신의 눈물이 아니라 그리스도의 눈물에 의해서 얻어집니다.

만약 우리 각 사람이 우리 안에 의를 소유했다는 것을 안다면, 우리는 환경과는 완전히 상관없는 자들이 될 것입니다.

만약 우리가 연약하고 가치 없다고 여기는 만큼 우리가 하나님의 의라는 것을 의식한다면, 우리는 더 이상 아프지 않을 것이고 빈곤이나 가난의 속박에 잡히는 일은 없을 것입니다.

만약 우리가 육체적인 고통과 육체적인 필요만큼이나 우리와 예수 그리스도의 동일시 및 우리와 그분과의 하나 됨을 의식한다면, 우리는 결코 고통스러워하지 않으며, 결코 우리의 필요를 다시 언급하지 않을 것입니다.

이러한 의에 대한 새로운 의식과 사실, 그리고 우리가 그리스도 안에서 하나님의 의라는 새로운 발견은 우리로 하여금 그리스도 안에서의 자유에 대한 새로운 인식을 갖게 합니다.

그것은 죄의식과 연약함과 빈곤함의 의식을 철저하게 파괴해 버리고, 그 자리에 그리스도의 생생한 실재가 대신하게 됩니다.

우리는 그분이 우리의 의이고 우리가 그분 안에서 하나님의 의라는 것을 알고 있습니다.

그분은 그분의 모든 능력과 힘으로, 그분의 모든 완전함과 충만함으로 우리와 함께 계십니다. 우리는 환경을 두려워하지 않습니다.

그분은 "두려워 말라 내가 너와 함께 함이라 놀라지 말라 나는 네 하나님이 됨이니라 내가 너를 굳세게 하리라 참으로 너를 도와주리라 참으로 나의 의로운 오른손으로 너를 붙들리라"사 41:10라고 속삭이십니다.

그분이 우리와 함께 계십니다. 그분은 새로운 창조의 하나님이십니다.

그분이 우리의 힘입니다. 그분이 그분의 의로 우리를 붙들고 계십니다.

우리는 실패할 수 없습니다. 우리는 속박 안에 있을 수 없습니다.

이것이 우리에게 기도 안에 있는 새로운 자유, 하나님의 아들과 딸로서 예수님의 이름을 사용하는 권세에 대한 새로운 의식, 아버지와의 교제 안에 있는 새로운 기쁨을 가져다줍니다.

말씀 안에는 새로운 신선함이 있습니다. 그것은 문자 그대로 우리에게 하시는 그분의 말씀이 됩니다.

그 절대성이 우리의 심령을 붙잡습니다.

우리가 전에는 그것을 깨닫지 못했을 수도 있지만, 아버지와 예수님은 우리에게 말씀하고 계십니다.

말씀은 아버지의 목소리입니다. 그분은 군중에게 말씀하지 않으십니다. 그분은 우리 각 사람에게 말씀하십니다.

그분은 우리가 그리스도 안에서 하나님의 의가 되었다고 선언하십니다. 우리는 그분께서 우리에 대하여 어떠하다고 선언하신 대로 우리가 그러하다는 것을 알고 있습니다.

그러면 지배에 대한 새로운 인식이 생깁니다. 우리는 우리의 권리, 즉 그리스도 안에서의 합법적인 권리 안으로 들어갑니다.

이제 우리의 걸음은 확실합니다. 이제 더 이상 불확실한 것은 없습니다.

우리는 앞으로 벌어질 일들을 두려워하지 않습니다.

그분께서 우리에게 "너희 안에 계신 이가 세상에 있는 자보다 크심이라"요일4:4고 말씀하실 때 우리는 그 의미를 알고 있습니다.

그분께서 우리에게 "자녀들아 너희는 하나님께 속하였고 또 그들을 이기었나니"요일 4:4라고 말씀하실 때 우리는 그 의미를 알고 있습니다.

그분께서 우리에게 말씀하고 계십니다.

지배에 대한 새로운 의식이, 즉 아들의 신분이라는 낯설고 새로운 존엄성이 우리의 심령을 휩쓸어버립니다.

우리는 하늘로부터의 명령 아래에 있다는 것이 무엇인지 이해하고 있습니다.

우리는 대사입니다. 우리는 하늘로부터 온 권세로 옷 입었습니다.

"너희는 위로부터 능력으로 입혀질 때까지 이 성에 머물라 하시니라" 눅 24:49

이제 우리는 예수님께서 마귀들과 어둠의 권세들이 우리에게 복종하리라고 말씀하신 것이 어떤 의미인지 이해하고 있습니다.

연약함, 실패에 대한 두려움, 즉 한때 세상을 지배했던 작은 왕국을 예수 그리스도께서 정복하셨습니다.

예수님께서는 사탄을 정복하셨습니다. 사탄이 통치하던 모든 힘은 그분의 이름에 굴복합니다.

그분께서는 사탄과 그의 모든 행위들을 우리 발아래 놓으셨습니다.

이제 우리는 속량이 의미하는 바를 알고 있습니다. 우리는 우리가 "만물 안에서 만물을 충만하게 하시는 이의 충만" 엡 1:23 이 되었다는 것을 알고 있습니다.

우리는 우리가 "은혜와 의의 선물을 넘치게 받는 자들" 롬 5:17 이라는 것을 알고 있습니다.

우리는 예수 그리스도를 통해 생명의 영역에서 왕으로 다스립니다.

우리는 고린도전서 12:3의 "또 성령으로 아니하고는 누구든지 예수를 주시라 할 수 없느니라"라는 구절을 이해하기 시작했습니다.

이제 우리는 우리의 신분과 권리들을 의식하는 새로운 피조물로서 그것을 말합니다.

사탄의 지배는 이미 깨어졌습니다.

예수님의 주 되심이(통치가) 이미 시작되었습니다.

우리는 그분과 하나이기 때문에 부족함이 없을 것입니다. 그분은 포도나무이고 우리는 가지입니다. 우리는 포도나무의 열매를 맺는 부분입니다.

우리는 그분의 입입니다! 우리는 그분의 손입니다!

우리는 그분과 함께 살고 있습니다. 그분은 우리 안에 살고 계십니다. 보이지 않지만 실재입니다.

우리는 그분과 함께 걷습니다.

의가 이 모든 것을 우리에게 가져다줍니다.

제 13 장

두 언약 아래 있는 의

첫 번째 언약 아래 있는 제한적인 의만 가지고도 사람들이 어떤 위대한 업적들을 이루었는지 깨달을 때 나는 가슴이 떨립니다.

아브라함이 생각납니다. 그가 할례받고 언약 안으로 들어오자마자 하나님께서는 그에게 제한된 의를 주셨습니다.

오늘날 사람들이 자신들의 그리스도 안에 있는 한없는 의와 권리를 알고 있는 것과는 비교도 안 될 정도로 대담무쌍하게 하나님의 임재 앞에 서서 소돔과 고모라를 위해 간청했던 아브라함을 생각합니다.

여호와 앞에 오직 종의 신분만을 가지고 있었으나 담대하게 하나님께 순종하여, 노예였던 이스라엘을 위해 그 놀라운 승리를 이루어 낸 모세의 위대한 행동들을 생각합니다.

담대히 여호와께 순종하여 이스라엘을 이끌어 수위가 최고조에 달한 요단 강가로 내려갔던 여호수아를 생각합니다. 그는 담대하게 제사장들에게 말했습니다. "언약궤를 메고 내려가 당신들의 발을 물에 담그시오. 그러면 길이 열려 마른 땅을 지나게 될 것이요." 그럼에도 이 사람 여호수아는 오직 제한적인 의, 즉 종의 의만을 가지고 있었습니다.

우리는 여호수아가 군대 앞에 서서 태양을 향해 "백성이 그 원수를 갚을 때까지 그 자리에 머물러라."라고 외쳤던 것을 알고 있습니다.

그는 우주를 복종시켰지만, 제한적인 의만을 가졌을 뿐이었습니다.

우리는 엘리야가 갈멜산에서의 신들의 전투에서 하늘로부터 불을 명하여 내린 것과 마르고 황폐한 땅에 비를 불러온 것을 알고 있습니다.

그는 자연 법칙의 절대적인 지배자였습니다. 그러나 그는 종의 신분과 종의 제한적인 의만을 가졌던 종이었을 뿐이었습니다.

다니엘과 그의 세 히브리 친구들, 또는 다윗의 위대한 전사들을 다 이야기하자면 종이가 모자랄 것입니다.

그들이 단지 제한적인 의만을 가졌음에도, 그들의 업적이 얼마나 경이롭습니까?

그들은 하나님께서 황소와 염소의 피, 즉 아브라함과 맺은 언약의 제물에 부여하신 가치에 근거하여 의롭다고 간주되었습니다.

그들은 우리와 달리 재창조된 사람들이 아니었습니다.

그들은 파기되어 더 나은 제사와 더 나은 피에 근거한 다른 무언가로 대체되어야 할 율법 아래의 종이었을 뿐입니다.

천사의 명령에 대한 그들의 순종을 볼 때, 우리는 마음이 두근거립니다.

그들은 우리처럼 믿음으로 행했던 것이 아닙니다. 그들은 보는 것으로 행했습니다. 그들은 천사를 보았고 천사의 음성을 들었습니다.

그들은 감각의 영역 안에 살았습니다.

그들의 두드러진 특징은 하나님의 음성에 대한 순종이었습니다.

하나님께서는 아브라함의 언약에 대한 순종에 근거한 그들의 위대한 업적의 기록을 우리에게 주셨습니다.

제한없는 의

나는 한때 우리의 의, 아버지 앞에서의 우리의 신분, 그리스도 안에 있는 즉 새로운 언약 안에 있는 우리의 권리와 특권을 하나님께서 어떻게 평가하시는지 알아보려고 했습니다.

나는 바울의 계시에서 그것을 발견했습니다. 나는 아버지와 주님의 마음속에 우리가 어떠한 존재인지 보았습니다. 나는 새로운 언약과 그분께 자녀로서의 우리의 관계 안에서 우리의 제한없는 가능성들을 보았습니다.

예수님은 표본이 되신 아들이었습니다.

그분은 "내가 하는 일을 그도 할 것이요 또한 그보다 큰 일도 하리니 이는 내가 아버지께로 감이라"요 14:12라고 말씀하셨습니다.

그러고 나서 그분은 그분의 이름을 사용할 수 있는 합법적인 권리를 우리에게 주었고, 끝으로 대 사명에서 그 이름의 능력을 명시하셨습니다.

그분은 "그들이 내 이름으로 귀신을 쫓아내며"막 16:17라고 하셨습니다.

그분이 그것을 선언하셨을 때, 그분은 우리가 사탄의 지배자가 되는 비밀 안으로 들어가게 하셨습니다.

만일 우리가 귀신 하나를 쫓아낼 수 있다면, 우리는 모든 귀신들을 쫓아낼 수 있습니다. 만일 우리가 대적을 지배한다면, 우리는 그의 모든 역사를 지배합니다.

죄책감이나 정죄감 없이 아버지의 임재 앞에 서게 하고, 열등감 없이 사탄 앞에 서게 하는 능력을 우리에게 주는 이러한 의의 무한함을 보고 계십니까?

예수님께서 "하늘과 땅의 모든 권세를 내게 주셨으니"마 28:18라고 하셨을 때, 그 권세는 교회를 위한 것이며 이 시대를 위한 것이었습니다.

그 권세는 예수님을 위한 것이 아니라 우리를 위한 것입니다.

그분의 이름은 그분의 속량과 우리의 새로운 창조로 말미암아 우리를 정죄와 사탄의 지배로부터 자유하게 합니다.

이것을 근거로 그분께서는 예수께서 시작하신 일, 즉 사람들을 자유하게 하고, 사람들에 대한 사탄의 속박을 깨며, 병자들을 고치고, 사회와 국가들에 대한 귀신 세력을 깨버리는 일들을 하도록 우리를 부르셨습니다.

그분께서 "하늘과 땅의 모든 권세를 내게 주셨으니 그러므로 너희는 가서 모든 민족을 제자로 삼아 아버지와 아들과 성령의 이름으로 세례를 베풀고 내가 너희에게 분부한 모든 것을 가르쳐 지키게 하라"마 28:18-20고 하셨을 때, 우리를 그리스도의 학교로 데려와서 그리스도 안에서 가능한 모든 권리와 특권, 사탄으로부터의 우리의 완전한 속량, 사탄에 대한 우리의 지배권에 대해 가르치고 계시는 것입니다.

그리고 나서 그분은 "볼지어다 내가 세상 끝날까지 너희와 항상 함께 있으리라"마 28:20라고 하셨습니다.

나는 그 명령을 이해하기 시작했습니다.

그분께서는 "그들이 내 이름으로 귀신을 쫓아내며 새 방언을 말하며"막 16:17라고 하셨습니다.

그리고 또한 "너희가 내 이름으로 무엇을 구하든지 내가 행하리니 이는 아버지로 하여금 아들로 말미암아 영광을 받으시게 하려 함이라"요 14:13고 하셨습니다.

이제 우리는 우리가 예수님을 대신한다는 것과 그분의 이름에 부여된 권세 안에서 행한다는 것을 아주 명확히 알 수 있습니다.

그 권세는 우리에게 속한 것입니다.

우리는 또 다른 사실을 볼 수 있습니다. 아담이 창조되었을 때, 하나님께서는 그에게 그분의 손으로 지으신 모든 것들을 지배하는 권세를 주셨습니다. 그러나 아담이 그 지배권을 사탄에게 넘겨주었고, 사탄의 통치 아래 놓이게 되었습니다.

그 지배권이 그리스도 안에서 교회에게 회복되었습니다. 예수님의 이름 안에서 회복되었습니다. 그 잃어버렸던 권세는 그리스도 안에 주어졌습니다.

그분께서 "하늘과 땅의 모든 권세를 내게 주셨으니 그러므로 너희는 가서 이 권세를 사용하라. 내가 내 이름을 사용할 합법적인 권리를 너희에게 주리라. 내가 너희에게 대리인의 능력을 주리라"고 말씀하실 때, 그분은 우리에게 담대히 보좌the throne room[4]로, 은혜의 보좌로 들어와 우리의 요구를 알리라고 분부하십니다.

우리는 종이나 노예로서 그곳에 가지 않을 것입니다.

우리는 아들로서 들어갑니다. 우리는 사랑의 종 되신 주master love slave 예수님의 사랑의 종입니다.

우리는 그분을 대신하여 행합니다. 우리는 그분을 대신합니다. 우리는 그분이 행하기 위해 오신 그 일을 행합니다. 우리는 제한 없는 의를 가지고 행합니다. 우리는 그리스도 안에 우리의 자리를

---

[4] The throne room은 하나님 아버지께서 앉아 계시는 하나님의 보좌 throne가 있는 궁전, 즉 왕이신 하나님 아버지의 얼굴을 직접 뵐 수 있는 방이란 뜻으로 "하나님을 대면하는 곳"을 지칭한 표현으로써 단순히 "보좌"로 번역하였음(역자주).

차지하며, 완전한 우리의 권리들을 사용하고 있습니다.

교회는 그리스도 안에서의 자리와 그 지배권에 대해 잘못된 개념을 갖고 있었습니다.

우리는 두려움으로 충만했습니다. 우리는 죄와 연약함과 실패에 관한 설교를 너무 많이 들어서 그것이 우리 의식의 한 부분이 되어버렸습니다.

우리는 "자녀들아 너희는 하나님께 속하였고 또 그들을 이기었나니 이는 너희 안에 계신 이가 세상에 있는 자보다 크심이라" 요일 4:4라는 말씀을 깨닫지 못했습니다.

우리 안에 계신 이가 누구입니까? 하나님입니다.

우리가 지배자입니다. 우리가 이기는 자입니다.

요한일서 5:4-5에서 "무릇 하나님께로부터 난 자마다 세상을 이기느니라 세상을 이기는 승리는 이것이니 우리의 믿음이니라 예수께서 하나님의 아들이심을 믿는 자가 아니면 세상을 이기는 자가 누구냐"라고 말씀합니다.

아버지의 마음속에서는 우리가 지배자입니다.

우리가 이기는 자입니다.

우리가 정복당하는 자가 아닌 승리자의 마음가짐을 갖는 순간, 우리는 우리의 자리를 취하게 될 것입니다.

로마서 8:37에서 바울의 계시는 절정에 달합니다.

"그러나 이 모든 일에 우리를 사랑하시는 이로 말미암아 우리가 넉넉히 이기느니라"

예수 그리스도를 통하여 생명의 영역에서 우리가 왕으로 다스린다는 것을 로마서 5:17은 보여줍니다.

우리는 그의 충만함에서 받되, 은혜에 은혜를 더하여 그 충만한 분량을 누립니다.

그분께서 모든 만물을 우리 발아래 두셨습니다.

그분께서 우리 주 예수님을 세상의 모든 통치의 우두머리로 주셨습니다.

우리는 이제 예수 그리스도 안에서 영적인 세력들을 지배하고 왕으로서 이 땅을 다스리는 통치자의 기능을 수행할 수 있습니다.

영적인 세력을 다스릴 수 있는 자는 정치적 상황 또한 다스릴 수 있다는 것을 이해하시기 바랍니다. 교회는 인류의 유익을 위해 세상의 정치적인 요소들을 완전히 지배해야 합니다.

우리는 제한없는 의를 가지고 있습니다.

우리가 가지고 있는 제한없는 특권을 행사하여 어둠과 증오와 이기적인 이 세상에서 하나님께 속한 통치자로서의 역할을 담당합시다.

무엇이 우리가 의를 사용하는 것을 제한하는가

우리가 말씀에 근거해 행동하는 것과 그리스도 안에서의 자리를 차지하는 것을 방해하는 것은 무엇입니까? 그리스도 안에서 우리의 의를 이용하지 못하게 하는 것은 무엇입니까?

우리는 우리가 그리스도 안에서 하나님의 의라는 것을 알고 있습니다. 우리는 하나님께서 우리 삶의 힘이라는 것을 알고 있습니다. 우리는 우리가 그분의 능력을 가지고 있다는 것을 알고 있습니다. 우리는 그분이 우리 삶에서 마주치는 모든 위기들을 해결하기에 충분하시다는 것을 알고 있습니다. 우리는 우리 입에 있는 그분의 말씀이 병자들을 고치고, 약한 자들을 강하게 하며, 구원받지 못한 자들을 일깨워 그들의 처지를 깨달아 구원에 이르게 하는 그리스도의 지식으로 이끄는 것을 알고 있습니다.

우리는 이 모든 것을 알고 있습니다. 그런데 왜 우리가 행동하는 것은 이리도 더딜까요?

그것은 새로워지지 않은 마음mind 때문일 것입니다.

한 사람이 거듭나고 은혜의 방대한 상속 안으로 들어온 후에도 그의 마음은 그의 재창조된 영과 조화를 이루지 못합니다. 그러므로 그의 마음이 새로워지는 것이 필요합니다.

이러한 새로워지지 않은 마음은 주님께서 엄청나게 사용하실 사람들을 쓸모없는 상태에 머물도록 붙잡습니다.

말씀을 따라 행하고 말씀을 통해 주님과 친밀하게 아는 사이가 됨으로 그들의 마음은 새로워질 수 있습니다.

반면, 말씀이 무시될 때에는 이성reason이 왕좌를 차지합니다.

사람들이 그들의 의를 사용하는데 실패하는 또 다른 이유는 감각이 그들의 영을 다스리기 때문입니다. 두려움과 불신이 왕좌에 앉아 있습니다. 사람들은 그들의 자리를 취하는 것을 두려워합니다.

그들은 필요를 봅니다. 그들은 자신들이 대적의 속박 아래에 있는 사람들을 해방시킬 수 있다는 것을 알고는 있지만, 영적 진취성이 없는 새로워지지 않은 그들의 마음이 그들을 멍하게 만들어 버립니다.

이것은 아버지와의 낮은 수준의 교제에서 나오는 것입니다.

그들에게는 말씀에 대한 배고픔이 없습니다. 그들은 말씀을 마음껏 먹기보다는 그저 성경을 읽는 것으로 만족해합니다.

말씀의 주 되심

그들은 말씀의 주 되심이나 그들의 입에 있는 말씀의 권세 또는 말씀을 통해 사람들을 실제로 행동하도록 북돋는 그들의 능력에 대해서는 제대로 인식한 적이 없습니다.

만일 그들에게 말씀의 주 되심에 대한 인식이 부족하다면, 그들은 자신들이 하나님의 의라는 것과 하나님의 능력을 소유했다는 것, 그리고 그 모든 권세와 함께 예수 그리스도의 이름을 사용할 수 있는 합법적인 권리를 가졌다는 것을 지적으로는 알고 있을지라도, 결코 그것을 사용할 수는 없을 것입니다.

이는 아버지와의 낮은 수준의 교제로부터, 즉 사랑을 벗어나서 행할 때 생기는 것입니다.

그들은 사랑의 주 되심이나 말씀의 주 되심을 깨닫지 못합니다. 그들은 자신들이 그리스도 안에서 어떤 존재인지에 대해 담대하게 고백하지 않습니다.

영의 무력감과 갈팡질팡하는 믿음, 그리고 환경에 대한 항복이 있습니다.

그들이 하나님의 의라는 것을 항상 인정하지만, 그것을 이용하지는 못하고 맙니다.

그들은 감각의 속박에서 살아갑니다.

그들은 의의 말씀을 실천하고 있지 않습니다.

그들은 무언가 필요할 때, 무의식적으로 도움과 원조를 바라는 감각으로 돌아서 버립니다.

그들은 보통 사람처럼 행동합니다. 그들은 주변 사람들에 대한 질투로 인해 마음이 흔들립니다. 그들은 그리스도 안에서의 그들의 자리를 무시합니다.

위기의 순간에 그들은 자신을 위해 기도해주거나 뭔가 행동해줄 누군가를 찾습니다.

그들은 예수님의 이름을 사용하는 것을 무시합니다. 그들은 자신이 어떤 사람인지를 잊어버립니다.

그들은 슈퍼맨이 되어야 할 때 그저 평범한 삶을 살아갑니다.

그들은 강해야 할 때 약합니다.

그들은 모든 것을 가지고 있습니다. 그들은 자신들의 부유함과 권리들을 알고 있습니다. 그러나 그들은 영적인 빈곤 가운데 살아갑니다.

왜 그렇습니까? 그들이 그들의 자리를 취하고 말씀에 근거해서 행하지 않기 때문입니다.

제 14 장

의는 우리를
악을 지배하는 자로 만듭니다

만약 우리가 두려움 없이 보좌the throne room로 들어갈 수 있다면, 만약 우리가 두려움 없이 그분의 임재 앞에 설 수 있다면, 우리는 우리가 그리스도 안에서 그분의 의이며 모든 악을 지배하는 자라는 것을 알게 됩니다.

사탄과 귀신들은 예수님을 알았습니다. 그들은 그분이 누구이시며, 어떤 분이신지 알았습니다. 그들은 또한 예수님께서 자신이 누구인지 알고 계시다는 것도 알았습니다.

사탄과 귀신들은 우리가 누구인지 알지만, 정작 우리 자신은 그것을 모르는 경우가 많습니다.

예수님께서는 "나는 아버지께로부터 왔다."고 하셨습니다.

우리는 "우리는 하나님께로부터 났고, 하나님께로부터 난 자마다 세상을 이기는 것을 안다."고 말할 수 있습니다.

당신은 은혜의 보좌 앞에 담대하게 나간다는 의미를 깨달으셨습니까?

당신은 예수께서 이 땅에 사시는 동안 그러하신 것처럼 오늘날 우리도 아버지의 임재 앞에 설 수 있다는 것이 우리에게 무엇을 의미하는지 깨달으셨습니까?

당신은 예수님께서 이 땅에서 사역하시는 동안 그러하신 것만큼 우리도 죄의식에서 자유할 수 있는 권리를 가지고 있다는 것을 아십니까?

만약 우리가 아무런 열등감이나 죄의식 없이 아버지의 임재 앞에 설 수 있다면, 우리는 모든 지옥 세력과 힘을 지배하는 자입니다.

사탄은 패배했습니다.

예수님께서 그분 자신이 누구인지 아셨던 것처럼 우리가 그분의 의라는 것을 알 때, 우리는 악을 두려워하지 않고, 질병을 두려워하지 않으며, 물질의 부족함을 두려워하지 않을 것입니다. 우리는 우리가 원수의 모든 능력을 다스리는 절대적인 지배자라는 것을 알 것입니다.

우리는 빌립보서 4:19이 우리 것이라는 것을 알 것입니다.

"나의 하나님이 그리스도 예수 안에서 영광 가운데 그 풍성한 대로 너희 모든 쓸 것을 채우시리라"

우리의 재정에 대해 조금도 걱정하지 않을 것입니다. 우리는 그분께 단지 우리의 필요에 대해 주의를 환기시킬 것이고, 그러면 그것은 채워질 것입니다.

예수께서는 "너희 하늘 아버지께서 이 모든 것이 너희에게 있어야 할 줄을 아시느니라 그런즉 너희는 먼저 그의 나라와 그의 의를 구하라 그리하면 이 모든 것을 너희에게 더하시리라"마 6:32-33고 말씀하셨습니다.

우리는 그분의 의를 구했고 그것을 발견했습니다. 우리는 그리스도 안에서 하나님의 의가 되었습니다.

의는 죄가 마치 우리를 건드린 적이 없는 것처럼 예수님께서 이 땅에 사시는 동안 가지셨던 것과 똑같은 자유와 해방을 가지고 아버지의 임재 앞에 설 수 있는 능력을 의미합니다.

우리가 예수님의 주 되심을 고백할 때, 그것은 단지 우리에 대한 그분의 주 되심일 뿐 아니라, 우리를 통한, 그리고 우리에 의한 모든 악에 대한 주 되심입니다.

우리가 이것을 고백하는 순간, 우리는 그분과 하나가 됩니다. 우리는 이 땅에서 그분을 대표하는 자입니다.

우리는 예수님의 이름으로 행합니다.

그분의 이름 안에서 우리는 지배자입니다. 그분의 이름 안에서 우리는 이기는 자입니다. 그분의 이름 안에서 우리는 환경과 악한 세력을 지배합니다.

우리가 우리에 대한 그분의 주 되심을 깨달을 때, 그것은 우리를 통한 그분의 주 되심입니다. 우리의 말 안에 있는 그분의 주 되심이므로 우리는 "마귀야, 예수의 이름으로 명하노니 그에게서 나가라."라고 말할 수 있습니다.

우리는 질병에게 "결핵균아, 너의 주Master 예수 그리스도의 이름으로 명하노니 그에게서 떠나라."라고 말할 수 있고, 그러면 그것은 떠날 것입니다.

그분이 우리의 주인Master이시기 때문에 우리도 지배자masters 입니다. 그리고 우리의 주인처럼, 그분은 우리를 통해 일하고 계십니다.

그분은 우리를 통해 어둠의 세력을 다스리고 계십니다.

우리는 아버지의 본성인 바로 그 영생을 받음으로 그분의 의가 되었습니다.

그것이 우리에게 실재가 되는 순간, 우리는 이기는 자가 됩니다. 마귀들은 예수님을 두려워하듯 우리를 두려워할 것입니다.

"만약 저 사람이 그의 권세를 알았더라면, 우리를 나락으로 내쫓아버렸을 거야."라고 그들이 얼마나 많이 말해왔을까요? 그러나 그는 그의 권세를 알지 못했습니다.

그는 믿음을 달라고 기도하고 있었습니다. 그는 능력을 얻으려고 애쓰고 있었습니다. 그는 이미 그가 소유한 어떤 것들을 달라고 하나님께 금식하며 울며 간청하고 있었습니다.

그는 권세를 가졌습니다. 그는 그 권세를 사용할 수 있는 능력을 가졌습니다. 그러나 그는 그것을 알지 못했습니다.

우리는 예수님께서 이 땅에 계셨을 때와 같이 되었습니다. 그분은 우리가 결국 그분과 같아지도록 우리와 같이 되셨고, 이제 우리는 그분과 같습니다.

새로운 창조로 말미암아 우리는 포도나무의 가지이고, 그분 몸의 지체입니다.

"주께서 그러하심과 같이 우리도 세상에서 그러하니라" 요일 4:17

그분은 새로운 피조물이고, 우리도 그러합니다.

그분은 하나님의 의이고, 우리도 그러합니다.

그분은 하나님의 상속자이고, 우리도 그러합니다.

그분은 땅 아래 세계 underworld를 지배하는 분이시고, 우리도 그분의 이름 안에서 그러합니다.

그분이 아버지와 교제하시듯이, 우리도 그러합니다.

그분이 하늘과 땅의 권세를 가지셨듯이, 우리도 예수님의 이름으로 하늘의 권세를 가졌습니다.

우리는 결핵균에게 "마귀야, 예수님의 이름으로 명하노니 그 몸에서 떠나라."라고 말할 수 있습니다. 그 말이 하늘에 닿자마자, 그 사람은 즉각 구출됩니다.

예수님은 죽은 자들 가운데서 다시 살아나신 후에 주어진 "모든 권세"를 가지셨습니다.

그분은 자신을 위해서는 그 권세가 필요하지 않으셨습니다. 그 권세는 그분의 몸인 교회를 위한 것입니다.

그러므로 우리는 그분이 시작하셨고, 우리에게 하라고 남겨두신 그 일에 이 권세를 행사할 권리를 가진 것입니다.

"내가 하는 일을 그도 할 것이요 또한 그보다 큰 일도 하리니 이는 내가 아버지께로 감이라" 요 14:12고 말씀하셨습니다.

그분은 아버지의 우편에 앉으신 순간, 교회에게 그분이 십자가에 달리시기 전까지 하시던 일들을 가서 하도록 권한을 주셨습니다.

그분은 모든 지혜를 가지고 계시고, 그분이 우리의 지혜입니다.

그분은 권세를 가지고 계십니다.

아버지께 영광 돌리도록 그 권세를 사용하기 위해 우리는 그분과 하나입니다.

제 15 장

의의 열매들

"너희 의의 열매를 더하게 하시리니"고후 9:10

이 성경 구절은 여러 번 나의 영을 자극했습니다. 나는 종종 의의 열매가 무엇인지 궁금해 했습니다.

그때 나는 예수님의 삶 가운데 있던 의의 열매들을 기억해냈습니다. 의의 열매들은 단순히 옳은 행동이었을 뿐 아니라, 아버지의 뜻을 이행하고 그분의 말씀을 말하는 것이기도 했습니다.

그것은 병든 자들을 고치고, 무리를 먹이시며, 사람을 향한 그분의 사랑을 여러 모양으로 나타내는 것이었습니다.

그것들이 의의 열매들입니다.

만일 우리가 의의 열매를 맺는다면, 이런 것들과 비슷할 것입니다.

예수님께서는 "나는 포도나무요 너희는 가지니"요 15:5라고 하셨습니다.

가지는 포도나무와 똑같은 열매를 맺습니다. 그것은 포도나무를 닮았고, 포도나무의 한 부분입니다.

그렇다면 우리 삶에서 의의 열매는 사람들을 축복하고 도와주며, 그들의 질병을 치유하고, 그들에게 말씀을 전하고, 그들의 삶을 지배하는 대적의 세력을 깨뜨리고, 아버지의 뜻 안에서 어떻게 살아야 하는지 가르치며, 그분의 모든 충만한 은혜를 어떻게 누리는지 가르치고, 우리의 매일의 삶에서 아버지와의 두려움 없는 교제와, 대적 및 그의 모든 역사를 향한 두려움 없는 태도, 그리고 환경을 두려움 없이 지배하는 것을 보여주는 것입니다.

그것이 열매를 맺는 것입니다. 그것이 "의의 열매"를 맺는 것입니다. 이것은 우리 대부분에게 아주 새로운 것입니다.

우리는 사랑의 열매와 믿음의 열매에 대해서 알고 있습니다. 우리는 지식의 열매에 대해서도 알고 있지만, 의의 열매에 대해서는 아는 것이 거의 없습니다.

여기서 의는 아버지의 임재 앞에 어떤 죄책감이나 열등감 없이 설 수 있는 능력을 의미합니다.

두려움 없는 믿음

만약 사람들이 그들의 의를 자각한다면 얼마나 엄청난 역사들이 벌어질까요?

질병과 아픔들 앞에서 그들이 얼마나 담대하겠습니까?

예수님의 공생애 전부가 그분의 의의 열매입니다.

그분은 아버지나 사탄, 악성 질병이나 심지어 죽음도 두려워하지 않으셨습니다. 그분은 다른 사람들의 마음을 공포로 가득 채웠던 폭풍 앞에서도 두려움이 없으셨습니다.

그분은 두려움이 없었을 뿐 아니라 지배자이셨습니다.

어떤 사람이 내게 말했습니다. "만일 말씀이 내가 어떤 자라고 말하고 있는 것이 바로 나라는 사실을 내가 알았더라면, 나는 세상을 뒤흔들 수 있었을 텐데요."

그러나 그는 말씀을 믿는 것을 배운 적이 없었습니다. 만약 말씀이 그에 대하여 하찮다고 말했거나 또는 가치 없고 불쌍하며 약하고 믿음 없다고 말했다면, 그는 말씀을 믿었을 것입니다. 이미 그의 의식의 일부가 되었기 때문에 그는 그것을 믿었을 것입니다.

그는 하나님께서 그를 재창조하여 의롭게 만들 수 있다는 사실을 붙잡지 못했습니다.

어떤 사람이 말했습니다. "만일 내가 죄의식을 갖지 않았더라면 믿음을 가졌을 텐데. 만일 내가 믿음을 가졌더라면 완벽하게 고침 받아 이 침대에서 일어났을 텐데."

죄의식이 그를 지배해왔습니다.

그는 그리스도인이었습니다. 그는 자신의 죄가 용서 받았고 자신이 의롭게 justified 되었다는 것을 믿는다고 당신에게 말했을 것입니다.

어떤 사람들은 더 나아가 심지어 "나는 성령님을 받았고 방언을 말합니다."라고 말할지도 모르겠습니다.

그러나 그들 모두는 죄의식의 지배를 받고 있습니다.

왜입니까? 말씀이 그들에게 결코 실재가 된 적이 없기 때문입니다.

말씀이 여기저기 부분적으로는 실재이지만, 그들에게 있어서 진리의 큰 부분은 여전히 미지의 영역입니다.

하나님의 문제

문제는 이것입니다. 하나님께서 대적의 손아귀에서 사람을 속량하시고 그를 재창조하여 새로운 피조물로 만드시고, 그가 지금껏 저질러온 것들을 제거하는 속량을 만들어내실 수 있었는가? 하나님께서 사람으로부터 죄의 본성을 끄집어내고 그 자리에 그분의 본성을 넣어주어 사람으로 하여금 아무런 죄의식이나 죄책감이나 열등감 없이 그분 앞에 설 수 있게 하실 수 있었는가?

예, 그분은 그렇게 하실 수 있었고, 그렇게 속량을 제공하셨습니다. 바울의 계시가 그 속량의 실체를 드러내고 있습니다.

사복음서나 사도행전에서는 그 실체를 발견할 수 없습니다. 오직 바울의 계시에서만 발견할 수 있습니다.

그 계시에서 바울은, 예수 그리스도를 구원자와 속량자로 믿는 믿음을 통해 마침내 의가 가능해졌다는 것을 세상에 증명하려 한다고 우리에게 이야기하고 있습니다.

그는 "하나님의 의로우심과 예수를 믿는 자들의 의"를 선포함으로 절정으로 이끕니다.

하나님께서 우리의 의가 되셨을 때, 우리는 의롭게 되었고 "그러므로 우리에게는 이제 결코 정죄함이 없습니다."

우리를 의롭다고 하신 분이 하나님이시기에, 어느 누구도 그것에 대해 뭐라 할 사람이 없습니다.

새로운 창조의 놀라운 사실은 우리가 새로운 피조물이 되는 순간 우리를 연약함과 속박 안에 가두어 하나님의 임재 앞에 설 수 없게 만들었던 것이 완전히 씻겨 없어져 버린다는 것입니다.

우리가 죄와 사탄과 연합했던 그 자리에 하나님과 우리의 연합이 대신 들어왔습니다. 영원한 생명과 새로운 본성과 하나님 앞에서의 새로운 신분이 예수님을 믿는 사람에게 들어왔습니다.

만약 그것이 사실이라면, 우리의 기도는 응답받을 수 있고 예수님의 이름을 사용할 수 있게 되어, 사탄은 우리에게 복종하게 될 것입니다.

하나님께서 그분의 의로 우리를 의롭게 하셨습니다.

"하나님이 죄를 알지도 못하신 이를 우리를 대신하여 죄로 삼으신 것은 우리로 하여금 그 안에서 하나님의 의가 되게 하려 하심이라" 고후 5:21

그분은 그분 자신의 아들의 피로 우리를 씻으셨습니다.

우리는 이제 죄가 우리를 건드린 적이 없는 것처럼 아버지의 임재 앞에 설 수 있습니다.

몇 가지 특별한 의의 열매를 언급하는 것은 흥미로울 것입니다.

예수님께서 그분의 입에 있는 아버지의 말씀을 믿은 것과 똑같이 우리도 우리 입에 있는 그분의 말씀을 믿을 것입니다.

예수님께서 중풍병자에게 "일어나 네 상을 가지고 걸어가라."고 하셨을 때, 아버지께서 그분에게 그 말씀을 주셨던 것입니다.

우리는 바울의 계시와 사복음서에 들어 있는 아버지의 말씀을 가지고 있습니다.

그 말씀은 사용하도록 우리에게 주신 것입니다. 우리는 병에게 "예수 그리스도의 이름으로 명하노니 그에게서 나와라."라고 말할 수 있고, 그 말은 우리 입에 있는 아버지의 말씀이기 때문에 마귀는 순종할 것입니다.

그리스도께서 "내가 진실로 진실로 너희에게 이르노니 나를 믿는 자는 내가 하는 일을 저도 할 것이요 또한 이보다 큰 일도 하리니 이는 내가 아버지께로 감이라"고 말씀하지 않으셨습니까?

우리는 "그가 채찍에 맞음으로 우리가 나음을 입었도다"라고 말할 수 있고, 아버지께서 그것을 수행하시리라는 것을 알고 있습니다.

우리는 우리 입에 둔 아버지의 말씀을 믿을 것입니다.

우리는 우리 입에 둔 예수님의 이름을 믿을 것입니다.

우리는 지배자masters입니다

필요와 부족함 앞에서도 두려움이 없을 것입니다.

우리는 그리스도 안에서 하나님의 의입니다.

의의 열매는 병든 자들을 고치는 것과 사람들에 대한 사탄의 지배를 깨뜨리는 것이 될 것입니다. 그것은 말씀을 펼치는 능력이 될 것입니다.

우리가 하나님의 의가 되는 그 순간, 성령님께서 우리의 선생님이 되시고 말씀은 우리의 음식과 교육이 됩니다.

우리는 말씀을 공부해야 하고 말씀에 몰두해야 합니다.

성령님께서 말씀을 조명하셔서 우리의 입과 심령에 살아있는 것이 되게 하실 것입니다.

우리는 더 이상 하나님을 두려워하지 않을 것인데, 이는 그분이 우리 아버지라는 것을 깨달을 것이기 때문입니다.

우리는 그분의 임재 안에 있는 기쁨과 안식을 느끼며 그분께로 갈 것입니다.

그것은 마치 아들이 그의 아버지에게 가는 것처럼 우리에게는 자연스러운 것입니다.

우리는 우리의 자리를 차지해 갈 것이기 때문에, 기도 가운데 우리가 알지 못했던 자유를 발견하게 될 것입니다.

우리는 "아버지, 당신의 임재 안으로 들어갈 수 있는 권리를 주셔서 감사합니다. 우리는 아버지께서 우리가 오는 것을 기뻐하신다는 것을 압니다."라고 말할 것입니다.

우리는 우리 자신의 믿음을 믿을 것입니다.

우리는 하나님의 본성에 의해 우리에게 전이된 사랑이 정복하고 이긴다는 것을 믿을 것입니다. 우리 안에 있는 그 사랑은 예수님 안에 있는 사랑과 같아질 것입니다. 그 사랑이 만물을 지배할 것입니다.

우리는 우리를 대적하는 어떤 세력보다도 강한 우리 안에 있는 그 사랑을 믿을 것입니다.

우리는 인류가 사랑의 호소에 반응할 것이고, 우리 사역의 결실을 보게 될 것을 믿을 것입니다.

우리는 하나님께서 예수님을 우리의 지혜가 되게 하셨고, 우리는 우리 안에 하나님의 지혜를 가지고 있다는 고린도전서 1:30의 말씀을 믿을 것입니다.

예수님께서 바울 안에 계셨던 것처럼 지금 우리 안에 계십니다. 우리는 그분이 우리의 지혜일 뿐 아니라, 우리의 의가 되신다는 것도 알게 될 것입니다.

"너희는 하나님으로부터 나서 그리스도 예수 안에 있고 예수는 하나님으로부터 나와서 우리에게 지혜와 의로움과 거룩함과 구원함이 되셨으니" 고전 1:30

예수님은 우리에게 의가 되셨습니다.

물론 우리는 우리가 그분 안에서 하나님의 의라는 것을 압니다.

이제 그분은 아버지 앞에서의 우리의 위치입니다. 우리는 죄책감을 가질 필요가 없고, 용서 받기 위해 끊임없이 기도할 필요가 없습니다.

그분이 우리의 의가 되시고 우리 안에 계시기 때문에, 우리는 죄의식을 갖지 말아야 합니다.

그분의 충만fullness과 능력이 우리 안에 있습니다. 그것은 모두 우리 것입니다. 그분이 우리의 거룩함sanctification입니다.

그분은 우리의 사역과 삶과 우리가 쓸모 있는 존재라고 느끼는 기쁨에서 우리를 방해하는 것들로부터 우리를 구별하고 계십니다.

그분은 원수의 손으로부터의 우리의 속량입니다.

이 시간 이후로 그분은 우리의 무지, 실패, 연약함, 우리를 속박 안에 잡아두었던 습관들로부터 우리를 속량하고 계십니다.

그분은 은혜를 통해서 우리에게 이 모든 것이 되셨습니다.

우리는 그것을 믿습니다.

우리는 그것을 기뻐하고, 그 충만함 안에 살아갑니다.

제 16 장

의가 하는 일

"우리는 그가 만드신 바라 그리스도 예수 안에서 선한 일을 위하여 지으심을 받은 자니 이 일은 하나님이 전에 예비하사 우리로 그 가운데서 행하게 하려 하심이니라" 엡 2:10

이러한 선한 일들은 전부 아버지께서 계획하신 것입니다.

우리에게 요구된 것들 중 우리가 이루지 못할 것은 없습니다.

만일 그분이 우리가 아무 "티나 주름 잡힌 것"이 없다고 말씀하신다면, 그분은 우리 행실에서 우리를 아무 티나 주름 잡힌 것이 없게 하실 수 있으십니다.

만일 그분께서 우리가 "그분 앞에 거룩하고 흠이 없다"고 말씀하신다면, 그분은 우리를 아버지 앞에서 흠이 없는 자로 세우실 능력이 있으십니다.

새로운 피조물은 과거가 없습니다. "이전 것은 지나갔으니 보라 새 것이 되었도다 모든 것이 하나님께로서 났으며" 고후 5:17-18

이러한 것들을 만들어 내는 것은 우리에게 전이된 하나님의 생명입니다.

"진실로 진실로 너희에게 이르노니 믿는 자는 영생을 가졌나니" 요 6:47

"내가 하나님의 아들의 이름을 믿는 너희에게 이것을 쓰는 것은 너희로 하여금 너희에게 영생이 있음을 알게 하려 함이라" 요일 5:13

우리는 이 영원한 생명, 즉 하나님의 본성을 지금 소유하고 있습니다.

만일 우리가 하나님의 본성을 소유하고 있다면, 우리는 하나님의 본성이 하실 일들을 행할 것입니다. 우리는 하나님의 본성에게 우리 안에서 앞서 행할 권리를 드릴 것입니다.

이렇게 함으로 우리는 놀랍도록 성장하게 될 것입니다. 사람들은 이것을 이해하지 못할 것입니다. 이는 그들의 이해를 벗어나는 것입니다.

왜입니까? 우리는 하나님의 본성이 우리 안에서 우선권을 갖도록 했기 때문입니다.

"자녀들아 너희는 하나님께 속하였고 또 그들을 이기었나니 이는 너희 안에 계신 이가 세상에 있는 자보다 크심이라" 요일 4:4

우리에게 지금보다 더 높은 수준의 삶을 요구하는 이 강력한 성경구절은 하나님께서 우리가 살기 원하시는 삶입니다.

언제든지 아버지의 임재 안으로 들어가 정죄감 없이 그 앞에 설 수 있는 우리는, 마치 나라에 필요한 공장들과 상점들을 열어 사람들이 일할 수 있도록 해야 하는 데도 그렇게 하지 않고 막대한 액수의 돈을 은행에 저축해 놓은 어떤 사람과 같습니다. 그는 자신의 자원을 사람들을 돕는 데 쓰지 않습니다.

우리는 하나님의 자원을 재량껏 사용할 수 있습니다.

우리에게 정죄감은 없습니다. 우리는 예수님의 이름을 사용하는 것에 있어 완전히 자유롭습니다.

우리는 병자들을 고칠 수 있습니다. 우리는 능력 있게 말씀을 전할 수 있습니다. 우리는 말씀 안에 있는 하나님의 풍성한 은혜를 펼쳐 보여 사람들을 믿음 안에 세울 수 있습니다.

우리는 그리스도의 그 부요함을 재량껏 사용할 수 있습니다.

우리는 하나님의 충만한 사랑과 능력에 접촉하고 있습니다.

우리가 할 수 있는 일에는 한계가 없습니다.

우리는 예수님께서 "하나님으로서는 다 하실 수 있느니라"막 10:27 그리고 "믿는 자에게는 능치 못할 일이 없느니라"막 9:23라고 말씀하신 것을 기억합니다. 이 둘을 연결하여 보면, 축복이 인류의 것이 된 것을 볼 수 있습니다.

한편에는 사랑과 신실함의 전능하신 하나님이 계시고, 다른 한편에는 돌봄과 축복이 필요한 수많은 사람들이 있습니다.

하나님의 의인 우리가 이 상황의 열쇠를 쥐고 있습니다.

하나님께서는 우리의 요청이 없이는 축복하실 수 없습니다. 우리는 우리의 의에 대해 확신하지 않고서는 어느 정도의 자신감으로는 그것을 구할 수 없습니다.

만약 어떤 사람이 죄책감과 정죄감으로부터 자유롭다면, 그의 믿음은 기적을 일으키는 능력으로 자라날 것입니다.

모든 것이 한 목적을 향하는데, 그것은 우리가 의의 열매를 맺도록 하는 것입니다.

"내가 하는 일을 그도 할 것이요"라고 예수님께서 말씀하셨습니다. 그분은 세상을 축복하셨고, 우리도 그러할 것입니다. 그분은 무리를 먹이셨고, 우리도 그러할 것입니다. 그분은 병자들을 고치셨고, 우리도 그러할 것입니다. 그분은 상한 마음을 위로하셨고, 우리도 그러할 것입니다.

그분은 격려하셨습니다. 그분은 힘을 주셨습니다. 그분은 자신을 주셨습니다. 우리도 동일한 종류의 열매를 맺을 것입니다.

"율법은 장차 올 좋은 일의 그림자일 뿐이요 참 형상이 아니므로 해마다 늘 드리는 같은 제사로는 나아오는 자들을 언제나 온전하게 할 수 없느니라 그렇지 아니하면 섬기는 자들이 단번에 정결하게 되어 다시 죄를 깨닫는 일이 없으리니 어찌 제사 드리는 일을 그치지 아니하였으리요 그러나 이 제사들에는 해마다 죄를 기억하게 하는 것이 있나니 이는 황소와 염소의 피가 능히 죄를 없이 하지 못함이라"히 10:1-4

그들은 늘 죄의식을 가지고 있었습니다. 예수님은 제사의 마지막이셨습니다.

재창조된 우리는 더 이상 죄의식을 갖고 있지 않습니다. 왜 그렇습니까? 우리는 그분 안에서 하나님의 의이기 때문입니다.

"오직 그리스도는 죄를 위하여 한 영원한 제사를 드리시고 하나님 우편에 앉으사 그 후에 자기 원수들을 자기 발등상이 되게 하실 때까지 기다리시나니"히 10:12-13

그분은 하나님의 우편에 앉으셨습니다.

황소와 염소의 피를 가지고 지성소로 들어가던 대제사장은 그곳에 앉을 수 없었는데, 이는 그가 다음해에 다시 돌아와야 할 것을 알았기 때문입니다.

예수께서는 단 한 번의 제사를 드리셨습니다.

"그가 거룩하게 된 자들을 한 번의 제사로 영원히 온전하게 하셨느니라"히 10:14

우리의 의, 우리의 재창조, 우리의 아들 됨은 완전합니다.

"나의 의인은 믿음으로 말미암아 살리라"히 10:38

어떻게 살아갈까요? 믿음으로 살아갑니다.

그는 그리스도 안에서 하나님의 의가 되었습니다. 지금부터 그의 삶은 믿음의 삶입니다.

그것은 말씀 안에서 행한다는 의미입니다. 여호수아가 제사장들을 요단강으로 인도할 때 믿음으로 살았던 것처럼, 그도 믿음으로 삽니다.

그는 천사들의 언약의 말씀을 따라 행했습니다.

우리는 예수님께서 행하신 대로 행합니다. 그분은 새 언약의 보증이십니다.

우리는 말씀을 따라 행합니다.

하나님께서 모세에게 "지팡이를 들어 바다 위로 내밀라"고 하셨을 때, 모세는 그렇게 하였고, 물은 물러났습니다. 모세는 그 천사의 말씀을 따라 행했습니다.

우리는 이 새 언약의 말씀 안에서 걸어가야 할 것입니다.

우리가 이 새 언약 안에서 행할 때 우리는 사랑 안에서 행할 것이고, 아버지와의 교제 안에서 행할 것이며, 하나님의 능력 안에서 행할 것입니다.

우리는 예수님의 자리에서 의를 행할 것입니다. 예수님께서 대적의 일들을 깨뜨리셨듯이 우리도 대적의 일들을 깨뜨릴 것입니다.

우리는 다른 사람들의 심령이 깨어져 "우리도 그분을 원합니다."라고 말할 때까지 그들에게 그리스도의 부요를 계속 드러냅니다.

그들이 그리스도를 영접하는 순간, 그들을 지배했던 대적의 일들은 깨어집니다.

의는 빛처럼 뻗어나가고 있습니다. 하나님의 능력이 연약한 자들에게 드러나고 있습니다. 예수님께서 사람들의 삶 가운데 살아 있는 실재가 되고 있습니다.

기적은 그들의 삶 가운데 매일 일어나는 것입니다.

그들은 기독교가 초자연적이라는 것을 세상에 드러내고 있습니다.

제 17 장

의의 면류관

바울은 디모데후서 4:8에서 "의의 면류관"에 대해 이야기하고 있습니다.

의는 아버지의 임재 앞에 열등감이나 죄의식 없이 설 수 있는 능력을 의미합니다. 그것은 믿는 자의 삶에 면류관이 될 것입니다.

나는 최근까지 우리가 의인의 역할을 담당하는 이 사실에 대해 몹시 고민해오고 있습니다.

요한일서 2:29에서 성령님께서는 요한을 통해 의를 행하는 것에 대해 말씀하십니다. 그것은 죄책감이나 하나님에 대한 두려움, 질병에 대한 두려움, 환경에 대한 두려움, 또는 사람에 대한 두려움이 없이 행하는 것을 의미합니다.

의인의 일을 한다는 것은 두려움 없는 중보의 삶, 하나님의 은혜에 대한 두려움 없는 증언, 세상 앞에서 두려움 없이 행하는 것, 그리고 아버지와의 두려움 없는 교제를 의미할 것입니다.

그것은 예수님께서 사용하셨듯이 우리의 의를 사용하는 것입니다.

이것이 새로운 생각이라는 것은 알지만, 이는 어떤 것을 알게 해 줍니다.

로마서의 주제는 사람을 하나님 앞에 바르게 세우고set a man right with Him, 그를 의롭다고 선언하여, 그를 의롭게 만들어 아버지의 임재 앞에 죄책감 없이 설 수 있도록 하는 하나님의 능력을 보여주는 것입니다.

그분은 승리의 함성을 외치십니다. "그러므로 이제 그리스도 예수 안에 있는 자에게는 결코 정죄함이 없나니"롬 8:1

그분이 질문하십니다. "누가 능히 하나님께서 택하신 자들을 고발하리요 의롭다 하신 이는 하나님이시니 누가 정죄하리요" 롬 8:33-34

하나님은 그분의 속량 사역에 실패하지 않으셨습니다. 예수님은 실패하지 않으셨습니다. 성령님은 그분의 사역에 실패하지 않으셨습니다. 말씀은 사용된 어떤 경우에도 선한 일을 이루는 것에 실패하지 않았습니다.

그 기초 위에서 시작해 봅시다.

이사야서 32:17은 의에 관한 예언적인 진술입니다.

"의의 열매는 화평이요"

의는 모든 이해를 초월하는 하나님의 화평입니다. 그것은 우리가 새로운 피조물이 되는 순간, 우리의 심령을 채웁니다.

우리가 영원한 생명을 받는 그 순간, 우리는 하나님의 의가 됩니다.

우리는 의와 진리의 거룩함으로 지으심을 받았습니다.엡 4:24

"의의 열매는 영원한 화평과 안전이라"사 32:17

우리가 의롭게justified되는 순간, 또는 우리가 그리스도 안에서 의인이 되는 순간, 평온quietness과 신뢰assurance가 우리의 심령을 채웁니다. 하나님의 안식, 하나님의 평화peace, 하나님의 평온quietness이 우리의 영을 채웁니다.

이사야서 62:1은 속량에 있는 하나님의 목적에 빛을 더해줍니다.

"나는 시온의 의가 빛 같이, 예루살렘의 구원이 횃불 같이 나타나도록 시온을 위하여 잠잠하지 아니하며 예루살렘을 위하여 쉬지 아니할 것인즉"

그분은 사람이 그리스도 안에서 하나님의 의가 될 그때가 이르기까지 그분의 평화를 멈추지 않을 것입니다.

그 의는 빛같이 나타날 것이고, 그 구원 곧 새로운 창조는 횃불 같이 나타날 것입니다.

오순절 날에 정말 이 일이 일어나지 않았습니까?

로마서 3:26에 "자기도 의로우시며 또한 예수 믿는 자를 의롭다 하려 하심이라"라고 되어 있습니다.

우리는 그리스도 예수 안에 있는 속량을 통해 그분의 은혜로 의롭다 하심을 받았습니다.

고린도후서 5:21은 실재가 되었습니다.

"하나님이 죄를 알지도 못하신 이를 우리를 대신하여 죄로 삼으신 것은 우리로 하여금 그 안에서 하나님의 의가 되게 하려 하심이라"

예수님께서 우리의 죄를 지고 죄가 되셨습니다. 그분은 우리의 연약함을 지고 연약해지셨습니다. 우리의 실패를 지고 실패가 되셨습니다. 우리의 질병을 지고 병이 되셨습니다. 우리의 불의함을 지고 불의하게 되셨습니다.

그분께서 이 모든 것들을 제거하시며, 공의가 요구하는 모든 것들을 만족시키시고, 다시 살아나신 후에, 즉 영으로 의롭게 되신 후에, 그분은 새로운 탄생을 통해 우리를 그분 안에서 하나님의 의가 되게 하셨습니다.

우리는 그분 자신의 의로 하나님 앞에 섭니다.

우리는 그리스도 예수 안에서 창조되었습니다.

모든 것이 하나님에게서 났습니다. "행위에서 난 것이 아니니 이는 누구든지 자랑하지 못하게 함이라 우리는 그가 만드신 바라 그리스도 예수 안에서 선한 일을 위하여 지으심을 받은 자니 이 일은 하나님이 전에 예비하사 우리로 그 가운데서 행하게 하려 하심이니라" 엡 2:9-10

그것이 사람에게서 난 것이 아니라는 생각에 마음이 얼마나 떨리는지요. 사람에게는 그 일에 대해 영광이 없습니다. 모두 하나님에게서 난 것입니다. 그것은 베일이 벗겨진 하나님의 은혜입니다.

우리를 그분 자신과의 올바른 관계로 강권적으로 세운 것은 하나님의 사랑입니다.

이제 우리는 고린도전서 1:30을 이해합니다. "너희는 하나님으로부터 나서 그리스도 예수 안에 있고 예수는 하나님으로부터 나와서 우리에게 지혜와 의로움과 거룩함과 구원함이 되셨으니"

이 모든 것이 하나님께로부터 났습니다.

이 모든 것이 우리에게 속한 것입니다.

"자랑하는 자는 주 안에서 자랑하라"

하나님께서는 첫 창조에서 행하신 것들에 만족하셨듯이 새로운 창조에서 하신 일들에도 만족하고 계십니다.

그분은 우리의 아버지라 불리는 것을 부끄러워하지 않으십니다.

예수님은 우리의 주님과 구원자로, 우리의 속량자와 우리의 의로 불리는 것을 부끄러워하지 않으십니다.

하나님과 예수님은 그분들이 하신 일들을 부끄러워하지 않으십니다.

"그러므로 이제 그리스도 예수 안에 있는 자에게는 결코 정죄함이 없나니" 롬 8:1

"누가 능히 하나님께서 택하신 자들을 고발하리요" 롬 8:33

누가 택하셨습니까? 하나님께서 택하셨습니다.

우리를 고발할 수 있는 분은 우주에서 단 한 분뿐입니다. 그분은 예수님이십니다. 우리를 위해 죽으신 분이 예수님이시기 때문에 예수님은 우리를 고발하지 않으실 것입니다. 지금 그분은 아버지 우편에서 우리를 위해 중보하고 계십니다.

누가 우리를 재창조하셨습니까? 하나님께서 하셨습니다.

누가 우리에게 영원한 생명을 주셨습니까? 하나님께서 주셨습니다.

누가 우리를 하나님의 아들과 딸로 삼으셨습니까? 하나님께서 하셨습니다.

모두 하나님께로부터 난 것입니다.

우리는 사랑받는 자로 받아들여졌고, 아버지는 그것을 기뻐하십니다.

우리는 그분의 자녀입니다.

제 18 장

몇 가지 의의 실재들

우리는 의 안에서 자라가는 것이 아닙니다. 우리는 의롭게 되었고, 의는 우리에게 주어졌습니다. 하나님 자신이 우리의 의이시며, 그분은 예수님을 우리에게 의가 되게 하셨습니다.

의 안에서 성장이라는 것은 없습니다.

의가 무슨 의미인지 아는 지식에서 자라갈 수는 있습니다. 우리가 의로운 것처럼 행동하는 것에서는 성장이 있습니다. 우리의 의를 믿는 믿음 안에서는 성장이 있습니다.

극소수의 사람만이 그리스도 안에 있는 의에 대한 믿음을 가지고 있습니다. 그들은 그들의 연약함과 능력의 부족함에 대한 믿음은 가지고 있지만, 하나님께서 그들을 무엇이 되게 하셨는지 아는 사람은 거의 없습니다.

이것은 불행한 사실입니다. 우리는 아버지 앞에서 우리 자신의 신분과 그리스도 안에서 우리의 의에 확신을 가지기 전까지는,

우리 자신과 다른 사람들에게 축복을 가져오는 믿음을 결코 가질 수 없을 것입니다.

믿음은 죄의식에 의해 파괴됩니다.

믿음은 의 의식에 의해 세워지고 무적이 됩니다.

이 모든 문제는 말씀에 대한 우리의 평가에 달려 있습니다. 만일 우리가 말씀을 낮게 평가한다면, 그리스도 안에서 우리의 의도 낮게 평가할 것입니다.

만일 우리가 말씀을 낮게 평가한다면, 우리의 믿음은 약해지고 흔들릴 것입니다. 그러나 만일 우리가 말씀을 믿고, 말씀을 의지하며, 하나님께로부터 나온 말씀이 거짓일 수 없고 하나님께서는 거짓말 하실 수 없다는 것을 안다면, 우리의 믿음은 강해집니다.

우리가 하나님은 거짓말 하실 수 없다고 말할 때, 그것은 말씀이 거짓말 할 수 없다는 것을 의미합니다. 우리가 다루고 있는 것은 말씀입니다.

말씀은 우리가 관련 되어 있는 계약이며, 언약이며, 법률 문서입니다. 그것은 법률 서류 이상입니다. 그것은 살아있는 문서입니다. 우리가 말씀에 근거해 행할 때, 말씀은 우리 삶에서 살아있는 힘이 됩니다.

새 언약New Covenant이나 신약New Testament에 대한 낮은 평가는 그리스도께서 하신 일에 대한 낮은 평가를 불러 옵니다. 말씀과 그리스도께서 하신 일에 대한 낮은 평가는 우리 삶에서 그것을 나타낼 수밖에 없습니다.

사람들은 삶 가운데 약하고 무능한 것들이 있다는 것을 당장 발견하게 될 것입니다.

우리가 로마서 4:25을 믿을 때, 그것은 우리의 삶과 행동 가운데 나타날 것입니다.

"예수는 우리가 범죄 한 것 때문에 내줌이 되고 또한 우리를 의롭다 하시기 위하여 살아나셨느니라"

사람들은 우리의 대화에서 그것을 느끼게 될 것입니다.

그러나 만약 우리가 그분이 완성하신 일의 유효성을 의심한다면, 우리 삶의 모든 부분에서 그것이 드러나게 될 것입니다.

사람들이 치유함을 받지 못하는 이유는 말씀과 그리스도께서 완성하신 일에 대해 낮게 평가하기 때문입니다.

우리가 예수 그리스도께서 완성하신 일에 대해 정확하게 평가할 때, 우리는 "그가 채찍에 맞음으로 우리가 나음을 입었다"는 것과 우리를 대신해 기도해 줄 어떤 사람이 더 이상 필요하지 않다는 것을 알게 됩니다.

우리는 우리가 나았다는 것을 알고 있으며, 그것에 대해 그분께 기쁨으로 감사드립니다.

가치 있는 사람이 되고 의로워지려고 하는 노력과 주님 앞에서 울며 몸부림치는 이 모든 것은 하나님의 말씀의 완전무결함에 대한 낮은 평가의 산물입니다.

말씀이 사실이며, 우리는 말씀이 말하는 그런 사람이고, 말씀이 할 수 있다고 하는 모든 것을 우리가 할 수 있다는 것을 알 때,

즉각적으로 우리는 우리의 자리를 취하고, 우리의 권세를 주장하며, 그리스도 안에 있는 우리의 특권을 누리기 시작합니다.

우리는 은혜 안에 성장합니다. 은혜는 드러난 사랑이며 행동하는 사랑입니다. 그것은 행하는 사랑입니다.

우리는 그 안에서 성장할 수 있습니다. 우리는 사랑이 우리를 지배하도록 할 수 있습니다. 그러면 우리는 우리의 행동에서 예수님을 드러내게 될 것입니다.

우리는 우리 삶 전체가 사랑으로 충만해지고, 모든 동기가 그 사랑으로 말미암으며, 모든 말이 그 향기를 갖게 될 때까지 사랑 안에 자라갈 수 있습니다.

우리는 거듭났을 때부터 의롭습니다.

우리는 말씀 안에 살아가는 만큼 믿음이 성장합니다.

우리는 우리의 의, 즉 의가 우리에게 어떤 의미인지와 의가 가진 엄청난 특권과 책임을 아는 지식에서 자라갑니다.

우리는 아들 됨에서 자라가는 것이 아니라, 아들 됨이 무엇인지 아는 지식에서 자라갑니다.

우리가 그리스도 안에서 어떤 사람인지 가장 명확하게 정의한 것은 아마도 히브리서 10:38일 것입니다. "나의 의인은 믿음으로 말미암아 살리라 또한 뒤로 물러가면 내 마음이 그를 기뻐하지 아니하리라 하셨느니라"

하나님께서는 교회를 그분의 "의인"이라고 부르십니다.

그분께서는 우리를 개인적으로 의인이라고 말씀하십니다.

만일 우리가 죽은 행실이라는 감각의 영역으로 뒷걸음질 치면, 우리는 그분께 속한 기쁨을 빼앗는 것입니다.

사람의 진정한 필요가 채워집니다

예수님께서 요한복음 17:3의 위대한 대제사장의 기도에서 "영생은 곧 유일하신 참 하나님과 그가 보내신 자 예수 그리스도를 아는 것이니이다"라고 하셨습니다.

"참true"이라는 단어는 "실재real"라는 의미입니다.

영생은 "곧 유일하신 실재의 하나님을 아는 것"입니다.

우리는 하나님에 관해 사람들이 모은 많은 이론들과 사실들을 가지고 있을지 모르지만, 우리가 영원한 생명을 받기까지는 그분을 아버지로 결코 알지 못할 것입니다.

우리는 영원한 생명을 받기까지 진정한 그리스도를 결코 알지 못할 것입니다. 우리는 그분에 대해서 알 수 있고, 그분에 관한 책들을 읽을 수 있지만, 우리가 영원한 생명을 받기 전까지는 그분의 실체를 결코 알지 못할 것입니다.

예수님은 세상의 빛입니다. 그분은 생명입니다. 생명은 사랑에 의해 불붙여졌을 때, 빛을 주는 기름과 같은 것입니다. 이러한 사랑의 하나님과 사랑의 그리스도는 모두 살아있는 실체입니다.

"내가 곧 길이요 진리reality:실체요 생명"요14:6이라고 말씀하셨습니다.

진정한 철학은 하나님을 추구하는 것입니다. 철학자가 영원한 생명을 발견하는 순간, 그는 더 이상 철학자가 아니라 실재론자가 되어버립니다.

하나님은 사랑이십니다. 영원한 생명은 하나님의 사랑의 본성입니다.

우리가 영원한 생명을 받았을 때, 우리는 그분의 사랑의 본성을 받은 것입니다. 그리고 나서 그 사랑의 본성이 우리를 지배하기 시작하고 우리 삶 가운데서 지배력을 얻게 됩니다.

요한일서 4:16은 사랑 안에 머무는 것, 즉 사랑 안에 거하는 것에 대해 우리에게 말씀하고 있습니다.

"하나님이 우리를 사랑하시는 사랑을 우리가 알고 믿었노니 하나님은 사랑이시라 사랑 안에 거하는 자는 하나님 안에 거하고 하나님도 그의 안에 거하시느니라"

그것은 사랑의 삶입니다. 우리는 그분 안에, 그분과 함께 살아가기 시작합니다. 그것은 그분과의 연합을 만듭니다.

"사람이 나를 사랑하면 내 말을 지키리니 내 아버지께서 그를 사랑하실 것이요 우리가 그에게 가서 거처를 그와 함께 하리라" 요 14:23

우리가 이보다 더 아름다운 것을 구할 수 있겠습니까?

예수님과 아버지는 우리에게 오셔서 얼마나 초라한지와 상관

없이 그분들의 거처를 우리와 함께 하실 것입니다.

그분들은 그 거처를 아름답게 만드실 것입니다. 자녀들이 태어나도록 안전한 장소로 만드실 것입니다. 예수님이 사시는 집 안에는 다툼도, 괴로움도, 이혼도 결코 들어올 수 없을 것입니다.

예수님과 함께 거하는 가정생활이 믿음의 모체입니다. 그것은 우리 가정의 관계를 아름답게 만듭니다.

우리는 부정직과 불신앙에 직면해도 불친절한 말 한마디도 하지 않습니다. 우리는 우리가 얕보이거나 잊혀지거나 무시당하는 것을 더 이상 염두에 두지 않는 새로운 종류의 삶으로 들어갑니다. 우리는 불친절한 것은 어떤 것도 결코 기억하지 않습니다.

이 새로운 사랑이 생명입니다. 이 새로운 생명이 사랑입니다.

이 새로운 생명이 우리 것이 되었기 때문에 우리는 부정직한 사람들을 용서합니다.

우리는 이 땅에서 예수님을 대신합니다. 우리는 예수님이 사랑하셨을 것처럼 사랑합니다. 우리는 예수님이 주셨을 것처럼 줍니다. 우리는 주님께서 우리의 처지였다면 그렇게 하셨을 것처럼 사람들을 돕습니다.

우리는 그분과 함께 살아갑니다. 그분의 사랑이 우리의 사랑입니다. 그분의 힘이 우리의 힘입니다. 그분의 능력은 우리의 것입니다.

우리는 그분의 사랑의 종입니다.

우리가 그분을 사랑하는 것은 그분께서 우리를 사랑하시기 때문입니다.

제 19 장

우리의 새로운 자유

그리스도 안에 있는 자유에 대한 새로운 인식이 우리 심령에 생기고 있습니다. 그것은 아버지의 임재 앞에서 누리는 자유에 대한 새로운 인식입니다.

그것은 사랑에 완전히 항복하는 것입니다.

사랑 안에서 새로운 자유 곧 말씀 안에서 새로운 자유가 생겼습니다.

수년 동안 우리는 좁은 호수에 갇힌 배와 같았습니다. 이제 우리는 대양의 한복판을 항해하고 있습니다.

우리를 위협하고 속박하는 환경을 압도하는 우월성에 대한 새로운 인식, 곧 저 엄청난 실재에 대한 인식이 있습니다. "너희 안에 계신 이가 세상에 있는 자보다 크심이라" 요일 4:4

그것은 우리에게 질병과 고통을 압도하는 우월성의 인식을 부여했습니다.

병은 우리를 두려움과 공포의 속박 안에 붙잡아 두었지만, 이제 우리는 더 이상 그것을 두려워하지 않습니다.

그것은 이미 정복되었습니다.

예수님의 이름이 더 크십니다.

우리와 아버지와의 관계가 우리를 더 크게 만듭니다.

우리는 전능하신 하나님의 아들과 딸입니다.

우리는 그분의 본성에 참여한 자입니다.

우리는 그분의 가족입니다.

예수님께서 이 땅에서 사셨던 만큼이나 우리도 아버지의 마음에 가깝습니다.

그리스도와의 하나 됨에 대한 새로운 인식이 우리에게 생겼습니다.

그러한 공동 상속은 실재입니다. 그것은 악수하는 것 이상입니다. 그것은 포옹 이상입니다.

그것은 연합입니다. 그것은 유기적인 하나 됨입니다.

영적인 조화가 그것에서부터 흘러나옵니다. 그것은 훌륭한 것입니다.

우리는 그분과 하나입니다.

가지는 포도나무와의 연합을 발견합니다. 가지는 걱정과 근심을 던져 버립니다.

가지는 "난 봉오리가 꽃으로 피게 될 것인지, 꽃이 열매로 변할 것인지 더 이상 걱정하지 않아. 난 걱정이나 염려가 없어. 포도나무가 모든 것을 돌보고 있잖아. 포도원지기와 나는 완전히 하나이므로 이제 나는 포도나무의 품에서 조용히 쉬는 거야"라고 말합니다.

노예로부터 승리로, 연약함으로부터 그 이름을 권세 있게 사용하는 능력으로 태어난 그리스도 안에 있는 권세에 대한 새로운 인식이 우리에게 생겼습니다.

교제에 관한 새롭고 낯선 인식이 생겼습니다.

간헐적이기만 했던 기쁨이 이제 영원히 우리에게 지속됩니다.

그러나 가장 기분 좋은 것 중 하나는 말씀의 신선함과 문자 그대로의 뜻, 그리고 그 완전무결함인데, 그것은 우리가 전에는 알지 못했던 것입니다.

내가 지금 이 책을 구술하여 받아쓰게 하는 동안에도, 마치 주님께서 여기 계신 것처럼 여겨져서, 만약 내가 눈을 뜬다면, 우리 앞에 서 계신 그분을 볼 수 있을 것만 같습니다.

나는 그분의 발에 내 손을 뻗어 십자가에 못 박히신 그 상처에 입 맞추고만 싶습니다.

나의 주님! 나의 너무나 좋으신 부활하신 주님!

하나님과 예수님은 실재에 관한 새로운 인식에서 말씀하고 계십니다.

말씀에 대해서는 "현재성nowness"이 있습니다.

그것은 지극히 개인적인 것입니다.

그분은 내게 말씀하고 계십니다. 그분과 상의하도록 나를 청하시는 분은 나의 주님이십니다.

나를 위해 한 번 죄가 되신 그분이 이제 나를 그분의 의로 삼으셨고, 그 놀라운 행위로 말미암아 나를 실패의 더러운 진창에서 들어 올리셔서 그분과 함께 보좌에 앉히셨습니다.

나는 그것을 이해할 수 없습니다. 나의 심령은 기이함과 놀라움 속에서 주위의 상황을 보고 있습니다.

천사가 속삭입니다. "그는 하나님의 아들이다. 그는 우리의 주님과 더불어 공동 상속자이다."

우리는 그분이 우리가 어떤 사람이라고 말하는 바로 그런 사람입니다. 우리는 우리의 어떠함으로 그분을 위해 행할 수 있습니다. 우리는 이 땅에서 사람들 가운데 그분을 대신합니다.

그분과 우리의 관계에서 비롯된 새로운 지배자 의식이 우리를 보좌the throne room로 들어가게 합니다.

우리는 두려움의 문을 통과했습니다. 우리는 우리의 주인과 주님의 임재 앞에 두려움 없이 섭니다.

지금부터 우리는 하늘의 명령 아래 있습니다. 예수님이 우리의 주님이십니다.

우리는 기쁨으로 노래합니다. "그는 나의 목자이시니 내게 부족함이 없어라."

하나님께서 지금 우리의 아버지이십니다. 그분은 우리를 위하십니다.

우리를 위하실 뿐 아니라, 우리와 함께 계십니다.

우리와 함께 계실 뿐 아니라, 우리 안에 계십니다.

우리는 그리스도와 절대적으로 연합되었습니다.

우리에 대한 사탄의 지배는 깨어졌습니다.

우리는 그분의 생명의 충만함 가운데 자유롭게 섭니다.

제 20 장

의를 사용하는 몇 가지 방법

고린도후서 6:7-8에서 우리는 "진리의 말씀과 하나님의 능력으로 의의 무기를 좌우에 가지고 영광과 욕됨으로 그러했으며 악한 이름과 아름다운 이름으로 그러했느니라 우리는 속이는 자 같으나 참되고"라는 말씀을 읽습니다.

의는 가장 무시무시한 공격 앞에서의 갑옷입니다. 사탄의 화살은 의의 갑옷을 뚫지 못합니다. 우리는 의를 옷 입은 자입니다.

"그런즉 서서 진리로 너희 허리 띠를 띠고 의의 흉배를 붙이고" 엡 6:14

어떻게 의를 옷 입습니까? 고백함으로 옷 입습니다.

우리는 그분이 우리의 의라고 고백합니다.

우리는 우리의 고백으로 삽니다.

우리는 어떤 화살도 의의 흉배를 뚫지 못한다는 것을 인식하며 어둠의 세력에 두려움 없이 맞섭니다.

"이제 후로는 나를 위하여 의의 면류관이 예비되었으므로 주 곧 의로우신 재판장이 그 날에 내게 주실 것이며 내게만 아니라 주의 나타나심을 사모하는 모든 자에게도니라" 딤후 4:8

이 면류관은 주님을 위해 의 안에서 일해 온 믿는 자들에게 주어집니다.

만일 우리가 이러한 새로운 의식 속에 살아간다면, 그리고 요한이 요한일서 2:29에서 말한 대로 행한다면, 우리는 "의를 행하는 자"가 됩니다.

"너희가 그가 의로우신 줄을 알면 의를 행하는 자마다 그에게서 난 줄을 알리라"

우리는 의의 일을 할 수 있습니다.

그것이 무슨 뜻입니까? 두려움 없는 기도생활입니다. 두려움 없이 주는 것입니다. 두려움 없는 간증입니다. 말씀에 의지해 두려움 없이 행하는 것입니다. 즉 병자에게 손을 얹고, 마귀들을 쫓아내는 것입니다.

우리는 그분께서 그러하듯이 우리도 이 땅에서 그러하다는 것을 알고 있습니다. 우리는 그분의 의가 우리를 의롭게 만들었다는 것을 알고 있습니다.

그것은 우리로 그분의 보좌에 다가갈 수 있게 해 줍니다.

우리는 두려움 없이 우리의 자리를 취합니다.

우리는 의인이 우리의 자리에서 행했을 것들을 행하고 있습니다.

우리는 의인이 증언했을 것처럼 증언하고 있습니다.

우리는 세상 앞에서 우리의 두려움 없는 고백에 대한 보상과 면류관을 받습니다.

나는 당신이 "의를 행하는" 사람들에게 오는 축복들 가운데 당신의 몫을 받게 된다는 것을 확실히 알았으면 합니다.

로마서 5:17-21이 진짜 의의 지성소로 우리를 안내합니다.

웨이머스Weymouth의 번역을 보겠습니다.

"한 개인의 범죄를 통해 죽음이 그 한 개인을 이용해 통치권을 잡았으므로, 넘치는 은혜와 의의 선물을 받은 사람들은 예수 그리스도 한 개인을 통해 훨씬 더 생명 안에서 왕으로 다스릴 것입니다"

우리는 영원한 생명의 영역에서 왕으로 다스립니다.

우리는 하나님께서 우리에게 주신 이 의의 선물에 근거하여 대적의 손에서 주도권을 취합니다.

이제 21절은 "그러나 죄가 더한 곳에 은혜가 넘쳤습니다. 이는 죄가 고통스런 죽음 안에서 왕처럼 지배권을 휘두르던 것처럼, 은혜도 또한 우리 주 예수 그리스도를 통해 영생에 이르게 하는 의를 받음으로 말미암아 왕처럼 지배권을 휘두르게 하려 함입니다."라고 말합니다.

나는 이것이 지금까지의 가장 훌륭한 번역들 중 하나라고 생각합니다.

우리는 영적 죽음 안에서 노예로 복종하던 그곳에서 이제 생명의 영역에서 왕으로 다스립니다.

인간의 타락 이래 우리는 혈통적으로 속박에 묶여 있었습니다.

이제 우리는 우리를 왕으로 다스리게 하고, 우리에게 대적의 일들을 제어하는 권세를 주며, 아버지의 은혜의 부와 풍요를 발견하는 의의 금광을 발견했습니다.

우리는 이제 우리를 속박에 묶고 있던 세력들 위에 의의 영역에서 왕처럼 지배권을 휘두릅니다.

의의 효과

"그 때에 의인들은 자기 아버지 나라에서 해와 같이 빛나리라"
마 13:43

새 언약 아래서 아버지 자신의 의로 의롭게 된 사람들이 해와 같이 빛날 것이라니, 이 얼마나 놀라운 아버지의 고백입니까!

이제 그들은 아버지 자신의 의의 거룩함과 실체의 충만함 가운데 살아갑니다. 아버지께서 친히 그들을 의롭게 하셨습니다.

아버지께서 평가하시는 의

"곧 이 때에 자기의 의로우심을 나타내사 자기도 의로우시며 또한 예수 믿는 자를 의롭다 하려 하심이라" 롬 3:26

하나님께서는 예수 그리스도를 그의 구원자와 주님으로 믿는 사람의 의이십니다.

우주 만물의 창조주께서 우리의 의가 되셨습니다. 그분께서 우리에게 그분의 임재 앞에 죄를 한번도 지은 적이 없는 것처럼 설 수 있는 능력을 주셨습니다. 그분께서 우리의 보증인이 되십니다.

고린도후서 5:21은 예수님에 대해 말하고 있습니다. "하나님이 죄를 알지도 못하신 이를 우리를 대신하여 죄로 삼으신 것은 우리로 하여금 그 안에서 하나님의 의가 되게 하려 하심이라"

새로운 탄생으로 말미암아 우리는 그리스도 안에서 하나님의 바로 그 의가 되었습니다. 그분은 이 의의 창시자이자 창조자이십니다. 그분은 우리를 그분 자신의 의로 삼으셨습니다.

우리 매일의 삶 가운데 우리에게 확신과 확증을 주시고자, 그분은 그분의 위대한 사랑으로 우리의 의가 되셨습니다.

"너희는 그 은혜에 의하여 믿음으로 말미암아 구원을 받았으니 이것은 너희에게서 난 것이 아니요 하나님의 선물이라 행위에서 난 것이 아니니 이는 누구든지 자랑하지 못하게 함이라 우리는 그가 만드신 바라 그리스도 예수 안에서 선한 일을 위하여 지으심을 받은 자니 이 일은 하나님이 전에 예비하사 우리로 그 가운데서 행하게 하려 하심이니라"엡 2:8-10

그분이 창조하시고 만드신 것은 그분께서 보시기에 아름답습니다.

우리는 그분의 사랑의 시입니다.

새로운 피조물이 된 우리는 그분께서 우리에게 주신 의에 대한 기쁨과 자부심으로 은혜의 보좌 앞에 설 수 있는 능력을 가졌습니다.

우리는 보좌 앞에 설 수 있을 뿐만 아니라 두려움 없이 사탄에 맞설 수도 있습니다.

우리는 지배자입니다.

우리는 예수님께서 하신 것처럼 성난 바다에 맞설 수 있고, 그것이 우리의 종이라는 것을 알고 있습니다.

우리는 예수님께서 하신 것처럼 굶주린 무리에 대면할 수 있고, 떡 다섯 덩이와 작은 물고기 두 마리에 사랑으로 손을 댈 때, 군중들이 만족할 때까지 불어나리라는 것을 알고 있습니다.

우리는 갈보리 언덕에서 예수님의 희생과 죽음과 무덤과 지옥을 이기신 그분의 승리가 이 잃어버린 세상이 필요로 하는 모든 것이라는 것을 알고 있기에, 우리는 잃어버린 세상 앞에 설 수 있습니다.

진리의 종착역

우리가 가진 의보다 더 좋은 것을 가진 이가 없습니다.

우리가 가진 구원자보다 더 좋은 분을 가진 이가 없습니다.

우리가 가진 영원한 생명보다 더 좋은 것을 가진 이가 없습니다.

우리가 가진 아버지 앞에서의 위치보다 더 좋은 것을 가진 이가 없습니다.

우리가 가진 예수님의 이름을 사용하는 권리보다 더 좋은 것을 가진 이가 없습니다.

우리가 아버지의 마음에 가까이 가는 것보다 더 가까이 갈 수 있는 이가 없습니다.

우리는 그분께서 우리가 어떤 사람이라고 말씀하시는 그대로입니다.

우리는 사랑받는 이 안에 있습니다.

우리는 아버지의 마음의 꿈입니다.

베드로후서 1:9-10에서 베드로가 말하는 사람들처럼 되지 맙시다.

"이런 것이 없는 자는 맹인이라 멀리 보지 못하고 그의 옛 죄가 깨끗하게 된 것을 잊었느니라 그러므로 형제들아 더욱 힘써 너희 부르심과 택하심을 굳게 하라 너희가 이것을 행한즉 언제든지 실족하지 아니하리라"

그가 우리의 택하심을 굳게 하는 것에 관해 이야기할 때, 그것은 천국에서 그렇게 하라는 의미가 아닙니다. 거기서는 확실합니다. 그것은 그 길에 발을 확실하게 딛게 하고, 하나님의 자녀들에게 속한 평온한 확신을 주려는 것입니다.

고린도전서 2:12이 우리를 조금 도와줄 것입니다.

"우리가 세상의 영을 받지 아니하고 오직 하나님으로부터 온 영을 받았으니 이는 우리로 하여금 하나님께서 우리에게 은혜로 주신 것들을 알게 하려 하심이라"

이 메시지의 목적은 그것을 읽는 이들이 그리스도 안에 있는 유업을 누리고, 그들에게 속한 모든 것을 누리며, 그들의 권리를 이용하는 것에 꾸물거리지 않도록 하려는 것입니다.

당신은 뭐라 하시겠습니까?

당신의 영 안에 일어난 반응은 무엇입니까?

우리와 함께한 여행이 유익했습니까?

시작할 때 우리가 약속한 해방과 기쁨을 발견했습니까?

당신이 그것을 발견했다면, 당신의 책임 또한 발견한 것입니다.

당신은 다른 사람들에게 빚진 자입니다. 당신은 빛을 가지고 있고, 그것에 관해 그들에게 말할 필요가 있을 것입니다.

일주일에 한 번 당신의 집에 모여 모임을 갖고 우리 책들을 교재로 사용하지 않겠습니까?

당신의 집에서 책을 빌려주기 시작하십시오.

우리 책들을 주문하여 읽으십시오. 위대한 진리가 주도권을 잡게 하면, 그리스도 안에서 당신이 늘 갈망하던 대로 당신은 축복이 될 것입니다.

믿음의말씀사 출판물

구입문의 : 031-8005-5483 http://faithbook.kr

■ 케네스 해긴의 「믿음 도서관」 책들
- 새로운 탄생
- 재정 분야의 순종
- 나는 지옥에 갔다 왔습니다
- 하나님의 처방약
- 더 좋은 언약
- 예수의 보배로운 피
- 하나님을 탓하지 마십시오
- 네 주장을 변론하라
- 셀 모임에서 성령인도 받기
- 안수
- 치유를 유지하는 법
- 사랑은 결코 실패하지 않습니다
- 하나님께서 내게 가르쳐 주신 형통의 계시
- 왜 능력 아래 쓰러지는가?
- 다가오는 회복
- 잊어버리는 법을 배우기
- 위대한 세 단어
- 하나님의 은사와 부르심
- 그 이름은 "놀라우신 분"
- 우리에게 속한 것을 알기
- 성령을 받는 성경적인 방법
- 하나님의 영광
- 은혜 안에서의 성장을 방해하는 다섯 가지
- 사랑 가운데 걷는 법
- 바울의 계시: 화해의 복음
- 당신은 당신이 말하는 것을 가질 수 있습니다
- 그리스도 안에서
- 말
- 방언기도의 능력을 풀어 놓으라
- 옳은 사고방식 틀린 사고방식
- 속량 – 가난, 질병, 영적 죽음에서 값 주고 되사다
- 네 염려를 주께 맡겨라
- 예언을 분별하는 일곱 단계
- 절망적인 상황을 반전시키기
- 당신의 믿음을 풀어 놓는 법
- 진짜 믿음
- 믿음이란 무엇인가
- 그리스도께서 지금 하고 계시는 일
- 충분하고도 넘치는 하나님 엘 샤다이
- 금식에 관한 상식
- 하나님의 말씀 : 모든 것을 고치는 치료제
- 가족을 섬기는 법
- 조에
- 당신이 알아야 하는 신유에 관한 일곱 가지 원리
- 여성에 관한 질문들
- 인간의 세 가지 본성
- 몸의 치유와 속죄
- 크게 성장하는 믿음
- 하나님 가족의 특권
- 기도의 기술
- 나는 환상을 믿습니다
- 병을 고치는 하나님의 말씀
- 영적 성장
- 신선한 기름부음
- 믿음이 흔들리고 패배한 것 같을 때 승리를 얻는 법
- 믿음의 선한 싸움을 싸우는 법
- 하나님의 계획과 목적과 추구
- 예수 열린 문
- 믿음의 계단
- 당신을 향한 하나님의 계획
- 역사하는 기도
- 기름부음의 이해
- 내주하시는 성령 임하시는 성령
- 재정적인 번영에 대한 성경적 열쇠들
- 어떻게 하나님의 영으로 인도받을 수 있는가?
- 마이더스 터치
- 치유의 기름부음
- 그리스도의 선물
- 방언
- 믿는 자의 권세(생애기념판)
- 믿음의 양식
- 승리하는 교회

■ E. W. 케년
- 십자가에서 보좌까지 무슨 일이 일어났는가?
- 두 가지 의
- 놀라우신 그 이름 예수
- 하나님 아버지와 그분의 가족
- 나의 신분증
- 두 가지 생명
- 새로운 종류의 사랑
- 그분의 임재 안에서
- 속량의 관점에서 본 성경
- 두 가지 지식
- 피의 언약
- 숨은 사람
- 두 가지 믿음
- 새로운 피조물의 실재

■ 스미스 위글스워스
- 스미스 위글스워스의 천국
- 스미스 위글스워스의 매일묵상
- 위글스워스는 이렇게 했다
- 스미스 위글스워스의 능력의 비밀

■ T. L. 오스본
- 행동하는 신자들
- 기적 – 하나님 사랑의 증거
- 새롭게 시작하는 기적 인생

- 좋은 인생
- 성경적인 치유
- 능력으로 역사하는 메시지
- 100개의 신유 진리
- 24 기도 원리 7 기도 우선순위
- 하나님의 큰 그림
- 긍정적 욕망의 힘
- 당신은 하나님의 최고의 작품입니다

■ 잔 오스틴
- 믿음의 말씀 고백기도집
- 하나님의 사랑의 흐름
- 견고한 진 무너뜨리기
- 초자연적인 흐름을 따르는 법
- 당신의 운명을 바꿀 수 있습니다
- 어떻게 하나님의 능력을 풀어놓을 수 있는가?

■ 크리스 오야킬로메
- 여기서 머물지 말라
- 이제 당신이 거듭났으니
- 당신의 인생을 재창조하라
- 이 마차에 함께 타라
- 그리스도 안에 있는 당신의 권리
- 성령님과 당신
- 성령님이 당신 안에서 행하실 일곱 가지
- 성령님이 당신을 위해 행하실 일곱 가지
- 기적을 받고 유지하는 법
- 하나님께서 당신을 방문하실 때
- 올바른 방식으로 기도하기
- 당신의 믿음을 역사하게 하는 법
- 끝없이 샘솟는 기쁨
- 기름과 겉옷
- 약속의 땅
- 하나님의 일곱 영
- 예언
- 시온의 문
- 하늘에서 온 치유
- 효과적으로 기도하는 법
- 어떤 질병도 없이
- 주제별 말씀의 실재
- 마음의 능력

■ 앤드류 워맥
- 당신은 이미 가졌습니다
- 은혜와 믿음의 균형 안에 사는 삶
- 하나님의 참 본성
- 하나님은 당신이 건강하기 원하십니다
- 영·혼·몸
- 전쟁은 끝났습니다
- 믿는 자의 권세
- 새로운 당신과 성령님
- 노력 없이 오는 변화
- 하나님의 충만함 안에 거하는 열쇠
- 더 좋은 기도 방법 한 가지
- 재정의 청지기 직분
- 하나님을 제한하지 마라
- 하나님의 뜻을 발견하고 따라가며 성취하라
- 하나님의 참 본성
- 하나님의 최선 안에 사는 법
- 더 큰 은혜 더 큰 은총
- 리더십의 10가지 핵심요소

■ 기타「믿음의 말씀」설교자들
- 성령의 삶 능력의 삶
- 복을 취하는 법
- 주는 자에게 복이 되는 선물
- 믿음으로 사는 삶
- 붉은 줄의 기적
- 당신이 말한 대로 얻게 됩니다
- 예수-치유의 길 건강의 능력
- 성령 안의 내 능력
- 존 G. 레이크의 치유
- 믿음과 고백
- 임재 중심 교회
- 성령충만한 그리스도인의 지침서
- 열정과 끈기
- 제자 만들기
- 어떻게 교회를 배가하는가
- 운명
- 모든 사람을 위한 치유
- 회복된 통치권
- 그렇지 않습니다
- 당신의 자녀를 리더로 훈련하라
- 오순절 운동을 일으킨 하나님의 바람
- 주일 예배를 넘어서
- 신약교회를 찾아서
- 내가 올 때까지
- 매일의 불씨
- 여성의 건강한 자아상

■ 김진호·최순애
- 왕과 제사장
- 새로운 피조물의 실재
- 믿음의 반석
- 새 언약의 기도
- 새로운 피조물 고백기도집(한글판/한영대조판)
- 성령 인도
- 복음의 신조
- 존중하는 삶
- 성경의 세 가지 접근
- 말씀 묵상과 고백
- 그리스도의 교리
- 영혼 구원
- 새로운 피조물
- 믿음의 말씀 운동의 뿌리
- 1인 기업가 마인드
- 내 양을 치라
- 새사람을 입으라